フィリピン流
幸せに生きるコツ

山本雅子 著

フリープレス刊

はじめに

1981年、私は地元山口県のカトリック教会が募った三泊四日のマニラ・ツアーに参加して初めてフィリピンへ行きました。幼稚園教諭の資格を取ったばかりで二十歳《はたち》でした。ツアー中、国民のほとんどが中流意識を持っていた当時の日本では想像できない貧富の差を目の当たりにし、びっくりしましたが、それ以上に私が強い印象を受け、魅力的に感じたのは、お金や物の有る無しに左右されないフィリピン人の明るさと、心のゆとりでした。特に、貧困地域で底抜けに明るい人たちに出会った時、どうしてこんなに強いのかしらと考えさせられ、いつの日か旅行者としてではなくこの国に住んでみたいと思いはじめたのです。

帰国してしばらく幼稚園で働いて貯めたお金を手に、私はミンダナオ島の山奥で働くカトリックの日本人シスターのお手伝いを半年するつもりで、再びフィリピンを訪れました。

ところが、マニラで国内線の便を待つ3日間、フィリピンで困った日本人の〝駆け込み寺〟のような存在だった「西本神父のオフィス」（PEPオフィス）を手伝うようにとシスターに言われたのです。初めて出会った西本至神父（1933─2010）の話はとても興味深く、目からウロコが落ちるようなことばかりで、私はすっかり感化されました。

ミンダナオ島の山奥でシスターを手伝って一週間ほど経ったある日、山を降りて町へ電話をかけに行きました。まず母に国際電話をしたところ、あいにく留守でしたが、次にマニラの西本神父にかけた電話はつながって、「早く戻ってらっしゃい！」と言われました。そのとき私は背中を押されたように感じ、即、マニラへ戻ることに決めたのです。

以来、神父のオフィスを手伝い始め、半年の予定だったフィリピン滞在が、いつの間にか三十数年経ってしまいました。

西本神父は１９６５年から約十年間、京都や大阪の教会で司祭として働いていましたが１９７３年、40歳の時に一年間の休暇がもらえ、フィリピンの東南アジア司牧研究所（ＥＡＰＩ）で勉強するためにマニラへ行きました。

ところが、滞在中、神父はマニラで問題を抱えた日本人の多いことに気づかされます。そして、帰国する前にカトリック・マニラ教区長であるシン枢機卿に報告したところ、その場で、フィリピンで困っている日本人の精神的な支えになるように頼まれ、そのままマニラに留まってオフィスを開いたのです。

西本神父が開設したＰＥＰオフィスのＰＥＰとは、「Pre-Evangelization Program の頭文字で、「日本人がフィリピンとの関わりを通して神に出会うきっかけを見出すことが目的」という、西本神父が立てた願いの頭文字です。
時の流れの中で、目的は変わりませんが、活動の内容は変化していきました。その一環として、1982年に「サラマッポ会」という国際教育里親運動が始まりました。それは、向学心があっても貧困のため学校に行けないフィリピンの学生たち（スカラー）と、彼らに無償の奨学金を提供して支援する日本人（スポンサー）とを、1対1の手紙の交流でつなぐという仕組みです。33年間続いたサラマッポ会の活動の中には、スポンサーとスカラーとの交流のためにさまざまなイベントが組まれ、奨学生と教育里親は互いに多くを学び合いました。「サラマッポ」とはタガログ語で「ありがとう」という意味ですが、それは双方の気持ちを表わしているのです。

本書は、サラマッポ会の会報誌やホームページに私が連載していたブログ「マコちゃん日記」からの抜粋です。私が二十歳でハマってしまったフィリピン、その日常生活の中で驚いたことや感じたこと、そして心温まるエピソードを通して、どんな時にも笑顔にリセットできるフィリピン流「幸せのカタチ」と「心の強さ」の理由を、お読みいただくあなたにお伝えしたいと思い、一冊にまとめてみました。

サラマッポ会とは

1981 年、日本の女子大生が西本神父を訪ねた時、貧しくて学校に行けない子どもたちを目の当たりにし、お小遣いを貯めて 1 人のハイスクール生に奨学金を送りました。それがきっかけで、サラマッポ会が生まれ、テレビや新聞、口コミで、全国に広まりました。

1982 ~ 2015 年の 33 年間でスカラーとなった学生は 4,543 名(1 年ごとの延べ人数にすると 21,951 名)、そのうち大学を卒業して社会に飛び立ったのは 3,097 名でした。

サラマッポ会は、**スポンサー**(奨学金を送る人)と**スカラー**(奨学生)との『一対一のつながり』を大切にしました。

そのために双方の窓口として日本には**東京事務局**と、フィリピンには**マニラ・オフィス**(PEP オフィス)を置き、いくつかの地域に分けてそれぞれの担当責任者を決め、協力体制を整えました。フィリピンサイドの**担当責任者**はシスター(修道女)や神父たちで、スカラーの紹介、学業成績の報告、学生生活の見守り、奨学金や手紙の受け渡しなどを、そして日本サイドは、スポンサーへの連絡や報告、奨学金のマニラへの送金、手紙の翻訳などを受け持ちました。

お互いにぬくもりが伝わる交流を続け、そのつながりは切れることはありません。今も日本へスポンサーを訪ねるスカラーの旅は続いているのです。


なお、マニラ・オフィス(PEP オフィス)は、現在でも、小学生、ハイスクール生を対象とする「ウグナヤンの会」、「PHP-プゴ奨学支援運動」、「O-ANG 奨学支援運動」の活動の窓口になっています。

フィリピン流　幸せに生きるコツ——目次

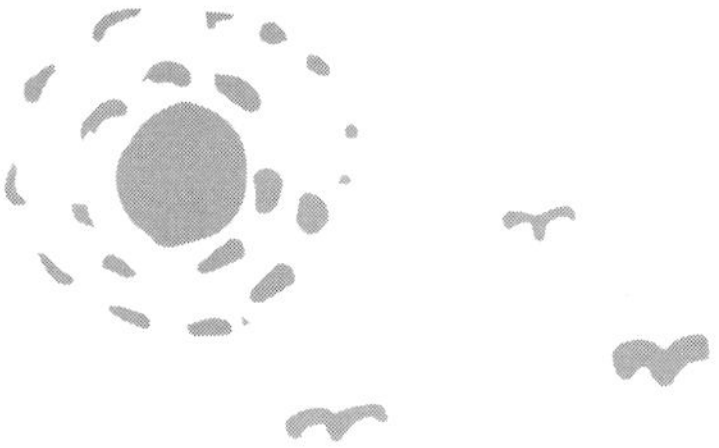

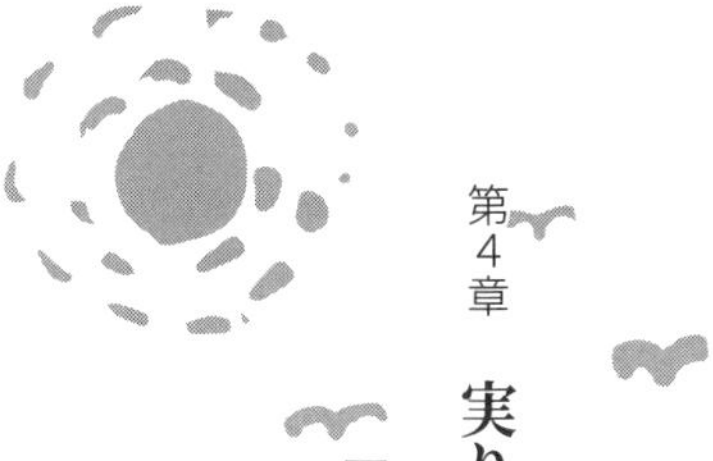

本文装丁／馬場　明　イラスト／チャンミイ

第1章

フィリピン流

日常風景「もったいない」と「問題ない」

いつもフィリピン人は慌てることなく、楽観的です。
私は走るフィリピン人を見たことがありません。

若い世代のたくましさと健気《けなげ》さと

決して見捨てない神さま

出勤途中になんとガス欠になってしまいました。それも有料道路の途中だったので、すぐに警備中のガードマンが走って来ました。ふつう、この有料道路内で車が故障すると、牽引車で移動させられ、高額の罰金を請求されるのです。

私は平静を装い、笑顔でガードマンに言いました。

「うっかりガス欠させちゃったので、ちょっとそこまでガソリンを買いに行ってくるわ……」

といってもガソリン・スタンドははるか彼方、有料道路の入口付近です。

幸いガードマンは笑顔で車を押して道路脇に寄せ、反対車線に渡る私の手を取って走行中のジープニーを拾い、「僕が車を安全にガードしているから大丈夫です」と言ってくれたので、私は「サンキュー、よろしくね！」と頼んでガソリン・スタンドへと急ぎました。

車なしに、しかも容器も持たずに手ぶらでガソリンを買いに来るお客はあまりいないと思いますが、事情を話すと店員は空ボトルを探してガソリンを入れ、さらに「これを使うといい」と、小さなペットボトルの胴体部分に器用に穴を開けて、親切なことに漏斗《ロート》まで作ってくれました。

ガソリンと漏斗を手に、今度はバスを拾って引き返すと、一人だったガードマンが三人に増え、私の車のずいぶん手前から他の車に注意を促すため、ラジオ体操のように腕を左下から斜め右上に大きく振り上げ、汗だくでサインを送っていました。

私がたどり着くと、ガードマンは「待ってました！」とばかりにペットボトルの漏斗を使ってガソリンを注入してくれ、無事にエンジンがかかりました。ホッとして、三人の労をねぎらうつもりで１００ペソ（当時のレートで約２５０円）ずつチップをあげると、彼らのにこやかな顔は一段と磨きのかかった笑顔になり、「あなたはビューティフルです！」とまで言ってくれました。

とんだ災難でしたがすべてスムーズに対処でき、なんだか清々しい気持ちになった次第です。

それにしても、自分の不注意を棚に上げて言うのもナンですが、今思えば、あのとき不思議と平常心で、しかも笑顔で対応できたのは、『神さまが一緒にいてくださるから大丈夫、なんとかなる』と思えたからだと思います。そう、フィリピンに暮らしていると、神さまをとても身近に感じることができるのです。

ハイスクールのさよならパーティー

友人の末娘、サマンサのＪＳがありました。ＪＳとはジュニアとシニアの頭文字で、ハイスクールの３年生（ジュニア）と４年生（シニア）が参加するパーティーのこと。たいていは夜開かれます。シニアにとってこのパーティーはハイスクール生活最後の思い出で、数週間後には卒業が控えています。16歳のサマンサはシニアです。当時ハイスクールは4年制でした。

ＪＳのことを初めて知った時には驚きました。日本では中学3年生か高校1年生にあたる年齢なのに、学校を挙げて〝夜のパーティー〟とは！ しかも女子はイブニング・ドレスで参加するのです。会場も、私立校では高級ホテルやリゾートを使います。ＪＳの目的は、卒業を控えて一人前の大人へと成長していく上での社交性を身につけるためなのだそうで、ゲスト・スピーカーのスピーチや、フォーマル・ディナー、社交ダンスなど、真夜中近くまで盛り上がるのです。ミスコンのように、美しさを競うコンテストもあり、中には美容院へ行ってプロにメイクや髪のセットをしてもらう女子もいます。

ちなみにサマンサはお母さんにメイクと髪のセットをしてもらい、ドレスはアメリカのいとこからのお古。ハイヒールは近所の友だちが使わないからと譲ってくれたものです。

そういえば、サラマッポ会（国際教育里親運動）の元スカラーが言っていました。彼女はかれこれ25年前にハイスクールを卒業したのですが、「私たちの頃のＪＳは学校の体育館で制服を着てやったわ。椅子を教室から各々運んで、お弁当持参でね」。ＪＳも時代とともにだんだんエスカレートしているようです。

フィリピンの人々は小さい頃から、公の場で注目を浴びる機会が多いように感じられます。結婚式で指輪を運ぶのはたいてい5歳くらいの男の子の役目、女の子はフラワー・ガールとして花嫁入場の時に花びらを撒きます。また、学校や自治体の恒例行事やコンテストに参加したり、行列

結婚式で聖書と指輪を持つ男の子と、花びらを撒く女の子

の山車《だし》に乗せられたりすることもあります。誕生パーティーで、誕生日を祝ってもらう子供はまるでスターのようです。

いつだったか、「サラマッポ会」のスポンサーのお一人がマニラに来られた際に、支援しているスカラーを市内のレストランへ招待しました。すると、スラムに近い地域で崩れそうな家に住んでいるスカラーが堂々と振る舞い、テーブル・マナーもすばらしかったので、感心したことがありました。きっとフィリピンではたとえ貧しくてもそれなりに小さい頃から、社交性を磨く機会があるため、それが晴れの日の一挙手一投足に表われるのではないかと思います。

国歌斉唱とアンジェラスの祈り

オフィスから車で10分の場所にあるロビンソン・デパートへ、事務用品を買いに行った時のことでした。デパートの開店は午前10時だったので、急いでいた私は開店寸前に地下駐車場に車を入れ、デパート1階に通じる階段を駆け上ろうとしました。ところが、なぜかガードマンが呼び止めます。

携帯電話で時刻を確かめつつ「もう10時ですよ」と彼に言うと、階段の下の踊り場から、お客数名とドライバーらしき人たちがけげんな顔をして私を見上げています。私、何もやましいことはしていませんが？

その時、壊れたようなスピーカーから流れている曲に、ハッとしました。それは国歌でした。そうかぁ、開店時に国歌斉唱をするんだわ、と気がついて下を見ると、そこに居る人たちは直立不動の姿勢で、ある人は国歌を口ずさみ、ある人は聴き入っていました。私は、これはまずかったなと思い、「Sorry（スミマセン）」と言ってその場に立ち止まり、一緒にフィリピン国歌に敬意を表わしました。

日本の学校、特に私立の学校では、卒業式にも国歌を歌わないし、「君が代」を知らない生徒もいると聞いたことがあります。しかし、フィリピンでは、学校の行事はもちろん、映画館や劇場、パーティーも、必ず国歌斉唱から始まるのです。オフィスでは、フィリピンの子供たちの国際教育里親運動の窓口となっている関係で、奨学支援を受けているスカラーたちと支援する日本人スポンサーとの交流会を、毎年行っています。交流会の始まりには、フィリピンの風習にしたがって両国の国歌斉唱をするのですが、日本国歌の番になると、日本ではこんなに一所懸命歌ったことないなぁと思いつつも、誇り高く堂々と歌うフィリピン人につられてつい「君が代」を歌う自分の声に力が入ってしまい、妙に愛国心を感じたりします。

話は戻りますが、ロビンソン・デパートでは、国歌斉唱だけでなく、毎日正午と夕方6時に、アンジェラス（お告げの祈り）が放送され、その間は店員もお客も全員起立して不動の姿勢になります。ちなみに「お告げの祈り」のイメージは、ミレーの「晩鐘」という絵に描かれた、農民が仕事中に畑で立って祈っている姿です。

フィリピン人は、生活の中で自然に国歌を歌ったりお祈りをしたりするのが当たり前の、愛国心と信仰心豊かな国民なのです。

一家総出で走る“コンビニ・カー”

車に乗ったままでお買い物

マニラの道路の、しかも車道で、信号待ちをしている車の間を縫うようにしてさまざまな品物を売っている、ベンダーと呼ばれる人たちがいます。日本ではこんなこと、絶

食料から箒まで、なんでも車道で手に入る

対許可されませんよね。

私の通勤ルートで毎朝見かけるベンダーたちが売っている品物を紹介しましょう。新聞、ミネラルウォーター、缶ジュース、飴、スナック菓子、茹でピーナッツやとうもろこし、煙草《たばこ》、使い捨て雑巾、バスケットボール、ほうき、車のアクセサリー、おもちゃ、足ふきマット、魚釣りの竿——実にバラエティー豊かです。

以前「サラマッポ会」の生みの親、西本神父が、1本売りの煙草をベンダーから買って、こう言っていたのを思い出します。

「日本じゃ運転中に煙草を切らしたら、まず駐車場を見つけて車を置いてから煙草の自動販売機を探さなくてはならないけど、マニラは本当に便利だよなぁ、赤信号で停車している間に車の窓から煙草が1本ずつ買えるし、しかもライターで火まで点けてくれるんだから！」

確かにベンダーは便利。それは渋滞中のエンターテイメントにもなっています。

学校制度と教育事情あれこれ

フィリピンの学校では教室不足が深刻で、公立学校では1クラスに生徒が80人ということも珍しくありません。先生は生徒の名前を覚えるのも大変だと思います。

以前、マニラの公立ハイスクールを訪ねた時には、廊下や階段も教室として使っていました。廊下で2クラスが隣り合わせに授業を同時進行しているので、最後尾の生徒たちには背中越しに隣のクラスの先生の声の方が大きく聞こえるのですが、生徒たちは遠くの自分の先生の声を必死に聞き取っていました。まさに、「わたしの羊はわたしの声を聞き分ける」（ヨハネによる福音10章27節）です。

マニラから北へ車で5時間のラ・ウニオン州にあるプゴ・カトリック・スクールの校長によると、「一日一食しか食べていない生徒や、長持ちするように靴をカバンの中に入れて裸足《はだし》で通学し、学校に着いてから靴を履くという生徒もいる」とのことでした。

私の住んでいるカビテ州の公立ハイスクールの教師によると、４０００人の生徒が在籍しているはずなのに、始業式の時点では約２０００人しか登録していないのだとか。授業料は無料ですが、制服、文房具、プロジェクト費、ボーイ・スカウトのユニフォームなどの諸費用を用意できない家庭が多いからです。

また、毎日のお弁当代や学校で昼食を買うお金を工面できないというのも、学校に行けない原因になっています。

スモーキーマウンテン付近の子供たちの通学に使うサイドカー

ちなみに、登録の遅れている残りの2000人はそのうち各々、準備ができた時点で学校へやって来るため、学校側も約1ヵ月間は生徒を受け入れる猶予期間と見ているとのことでした。

そのような状況の中、2012年度から初等・中等教育12年制がフィリピン全土でスタートし、4年制だったハイスクールが2年間延びたので、親たちは悲鳴をあげています。でも、ハイスクールが4年制というのは、それまで世界中でなんとアフリカの2ヵ国とフィリピンだけだったそうですし、日本と比べるとフィリピンは学校の休みも長く、自然災害による休校も多いので、なんとか頑張ってほしいと思います。

フィリピン・マジック？　怪しい電気代

ある年の2ヵ月間、なぜか自宅の電気代がいつもの倍になっていました。新しく増えた電気製品もないし、普段と同じ生活パターンなのになぜかしら？　心当たり、というより不審に思ったのは、最近自宅の裏に完成したモデル・ハウスです。というのも、西本神父から以前こんな話を聞いたことがあるからです。

神父の所属するバクララン教会の電源のブレーカーを切ったところ、周辺のスクオーター（不法居住地）一帯が真っ暗になったのだとか。つまり、教会の配線から盗電されていたというわけです。「さすがはたくましいフィリピン人、毎日がサバイバルなんだ」と当時は感心しましたが、マニラで2番目に大きな教会と我が家とでは話が違います。

モデル・ハウスと自宅は背中合わせで、裏口は約2メートルしか離れていません。モデル・ハウスではエアコンも使っているようだし、街灯は夜から朝にかけて煌々《こうこう》と点いているのに、電気の計測メーターが見当たらないので、私はどこから電気が来ているのかしらと時々首をかしげていたのです。

「もしや？」と思った私は、引っ越してから現在までの2年半の領収書を持って、自宅から5分のところにあるマニラ電力へ問い合わせに行きました。

マニラ電力のドアを開けると、電気代支払いの列が入口まで並んでいました。ガードマンが私にくれた順番札は２０４２番、そしてただいま受付中の番号を見ると１０３８番です。出直そうかと思っていると、苦情相談の窓口にはすぐに通してもらえました。

事情を話すと、電線の接続状態の点検は専門の業者に頼むとのことでしたが、その業者がなんと私の隣に坐っている女性でした。話が出来過ぎ？　いえいえ、「神さまありがとう！」ですね。

そこで、さっそく点検の予約をして調べてもらったのですが、不正な接続は見当たらないし漏電もないとのことでした。

ところが、驚いたことに、翌月の電気代の請求額を見てみると、いつもの納得のいく料金に下がっているではありませんか？　不思議ですが、これぞフィリピン・マジック！

結局、この2ヵ月間の電気代が普段の倍額だった訳も、なぜ苦情に行った翌月から元に戻ったかも不明ですが、なんだか怪しいなあ……？

まだ使えるよ～、サーヤン！（もったいない）

日本からのお客様にコーヒーのドリップバッグをいただきました。カップにセットして沸騰したお湯を注ぐだけで挽きたてのコーヒーが味わえ、喫茶店のような香りがオフィスに充満します。

それは一回分ですが、私のオフィスのスタッフは「サーヤン（もったいない）」と言って3回も使います。色が薄くて香りもしないのに、砂糖やミルクを入れたらオーケーなのだそうです。

ある日、友人と夕食の買い出しに行こうとした時に、友人の娘が外食で残った物をテイクアウトしてくれたので、スーパーへ行かなくて済みました。フィリピンでは、外食の残り物を、家にいる家族のために持ち帰るのは普通の行為です。

また、友人が「これ、捨てようと思ったけど、修繕してもらったらちゃんと使えるわ」と見せてくれたのは、骨が壊れて開かなくなってから何ヵ月間も友人宅の裏庭に放置され、雨露とホコリにさらされていたジャンプ傘でした。布の部分の穴にも継ぎはぎが施され、みごとにワンタッチで開くようになっていました。

道具箱を肩にかけ、歩いて住宅地を回っている靴の修理屋が「傘も直せる」というので頼んだそうです。私も以前、つま先がぱっくり開いてしまった登山シューズを彼に修繕してもらったことがありますが、接着剤だけでなく補強のために糸で靴底全体にステッチしてくれ、以前よりも頑丈になりました。なんでもライフタイム・ギャランティー、つまり終身保証付きだそうです！

こちらでは、「へー、こんなものも修理するの？」と驚くことがよくあります。たとえば壊れた扇風機の羽根の取り換えやモーターのコイルの巻き換え、車のドアの枠のゴムや座席の取り換え、古くなった冷蔵庫の塗装やソファーのリフォームなどなど……

ソファーは古くなったカバーをはずし、中身のクッションも取り除いて、木枠だけにしてから新しいクッションとカバーを取り付けるので、坐り心地も見た目もまったく新しくなります。ソファーって木枠さえあれば、何度でもリフォームできるのですね。

いつだったか、ある日本人が、「日本では捨てられた物が『僕まだ使えるよ』と泣いているような気がする」と言っていましたが、こちらでは反対に、「もう、いい加減、リタイヤさせてくれぇ！」と叫んでいるんじゃないかしら？

“No problem!”（問題ない）

サラマッポ会ではその年に大学を卒業するスカラーたちを祝い、日本からのスポンサーたちを交えて毎年3月に祝卒業パーティーを催していました。

これはある年のパーティー会場を下見に行った時のエピソードです。

数年続けて使っていた会場は、前の年の台風による被害のため建て替え中で、とても3月には間に合わないため、同じ敷地内の別の会場を見せてもらいました。その会場では建て替えまではいきませんが改築工事が行われていました。

天井は塗装中。壁にのこぎりでエアコンの穴をあけているところで、ペンキの匂いが充満し、おがくずや木切れがあちこちに散乱している状態なのです。

ところが、いつ工事が終わるのかと聞くと、驚いたことに、翌日に披露宴の予約が入っているとのこと。大工さんに「間に合うの？」と尋ねると“No problem!”（問題ない）という答えが返ってきました。これはフィリピン人がよく使う言葉です。

西本神父がよく、「問題ない？　それが問題だ！」と言っていましたが、いつもフィリピン人は慌てることなく悠長、そして楽観的です。こちらに長年住んでいますが、私は走るフィリピン人を見たことがありません。

フィリピン人に比べると、日本人は私も含めて心配し過ぎのようです。神さまは「決して見捨てない」と言われているのに、なぜ心配するの？　と、フィリピン人に教えられることがたびたびあります。

というわけで、工事の真っ最中だった会場は、翌日立ち寄ってみると、神さまのなせる業にちがいないと思えるほどに、素敵な披露宴の会場になっていました。

もしかして昨日の工事中は「夢」だったのかしら？　私は思わず目をこすりました。

同番地をたくさんの家が共用しているから

奨学支援を受けているマークというスカラーの家を探すためにマニラ市トンドの貧しい地区に行きました。大学卒業予定を確認しようと連絡しても返事がなかったからです。

今まで何度かスカラーの家を探した経験上、マークの住所は探すのが難しいパターンだと予想がつきましたが、とりあえず私たちはＬＲＴ（高架鉄道）とトライシクル（サイドカー付きバイク）で行けるところまで乗り付け、そこからは徒歩で探しました。

しばらくしてマークの住所に書かれている道と番地は見つかりましたが、予想したとおり、この

同じ番地を共用する街の一角

番号を共用している世帯はその奥にたくさんありました。私たちは、人がすれ違うのがやっとのエスキニータと呼ばれる狭い路地を奥へ奥へと進み、出会う人たちにマークを知らないかと尋ねましたが、彼を知っている人にはなかなか出会えませんでした。

でも、一緒に行ってくれた同僚のサージが、マークの母親の名前はマドンナだと覚えていたのが幸いでした。マドンナの家なら知っているという人に教えてもらって、マークの家を見つけることができたのです。彼は携帯電話を大学でなくしてしまったそうです。でも、予定どおりに卒業できるということが確認できて安心した次第でした。

こちらの貧困層の家は、住所の番地だけで見つけるのは困難、ということがよくあります。卒業確認のためにマークへ送った手紙はどこをウロウロ巡っているのやら？　ひょっとして郵便配達人があきらめて捨ててしまったのかもしれません。

いつの間にかフィリピン人みたいな私

フィリピンにもキャラバンが

オフィスへ行く途中のカビテ州のハイウェイで、時々、竹や籐で作った様々な品物を積んで行商するキャラバンに出会います。もともとは砂漠のラクダのキャラバン（隊商）が知られていますが、こちらでは牛のキャラバンです。

私が出会ったキャラバンのオーナーはマルビン。妻と2人の子供たちを残して、遠くパンガシナン州（マニラの北約２００キロ）から来たそうです。見ると、牛車の幌の外に竹製の小さな椅子、籐のランプ・スタンド、大小さまざまなサイズのかご、ランドリー・ケース、ハンモックなどが掛かっています。幌の中にはたたみ一畳くらいのスペースがあって、マルビンはこの中で生活するらしく、炊飯用の窯や寝具、洗面用具が置いてありました。

パンガシナン州からカビテ州までの道のりは約1ヵ月かかり、カビテ州を3ヵ月間巡って行商した後、1ヵ月かけてまたパンガシナン州へ戻るそうです。儲かるの？　と聞いてみると、「お米を買うお金くらいしか稼げない」と言っていました。

それにしても、牛が歩くスピードで市内のハイウェイを進むのですから、その後ろについた車

フィリピンにもキャラバンがあるなんて……

はイライラします。のっしのっしと人間が歩く速度よりもゆっくり進むのどかなキャラバンを見ると、タイムスリップしてそこだけ時代が違うのでは、と錯覚しそうです。でも普段、時間に追われて車を飛ばしている私たちに、「人間はなぜそんなにあくせく急ぐの?」と、牛が問いかけているようにも感じられます。

9時00分から9時59分までが9時

新学年度が始まる日の前夜、友人の娘に付き合って、ナショナル・ブックストアという書籍や文房具を売っている店に行きました。毎年のことですが、始業式の前夜のナショナル・ブックストアは切羽詰って学用品を買いに来るお客で超満員。人をかき分けても、まっすぐ歩けないほどです。

会計に並ぶ人々の列は10メートル、いや20メートル？　とにかく、ギリギリにショッピングというのがフィリピン・スタイルです。

その理由を友人に聞くと、「それは多くの人たちが経済的にギリギリの生活をしているからよ。余裕があれば前もって準備ができるでしょう？」とのこと。なるほど、そうだなぁ……　でも、それだけが理由かしら？

たとえば、朝９時に約束があるとして、９時におもむろにシャワーを浴びて支度をし始めるのはどこの国の人でしょう？　フィリピン・タイムと言われるように、こちらでは「９時00分から９時59分までが９時」という感覚があります。それは、たとえば23歳の人が年齢を聞かれると24歳になるまで23歳と答え、誰も23歳と3ヵ月と10日なんて答えないのと同じ感覚のようです。

その昔、西本神父が田舎からマニラに帰るのに、出発予定が10時のバスに乗って待っていたところ、10時半になってもなかなか動く気配がありません。運転手に「私の時計はもう10時半過ぎてる、そろそろ出発したらどうですか？」と催促しました。すると、運転手はこう言ったそうです。「あんた、日本人だろう？　だから俺は日本人が嫌いなんだよ。日本人は時間を待つようだが、俺たちゃあ人間を待ってるのさ……」

なるほど、乗客がボチボチ満員になった頃にバスはようやく出発。時刻はすでに11時前でしたが、神父は「なんだか清々しい気持ちになった」と言っていました。

ちなみに、こういう場合にストレスを感じるか、あるいは西本神父のように清々しい気持ちになるかによって、フィリピンが肌に合うかどうかが分かれるようです。
というわけで、話はズレてしまいましたが、毎年ナショナル・ブックストアが超満員になると、ああ、今年もいよいよ新学年度が始まるんだなと実感します。

日本へ行きたいフィリピン人

日本への観光ビザを取るのが以前とくらべて易しくなり、日本を観光旅行するフィリピン人が増えています。私としては、日本の誇るべき歴史や文化、それと特にゴミを分別する几帳面さをぜひフィリピンの人たちに見てほしいと思いますが、どうやらフィリピン人観光客は刺身、寿司、トンカツなどの日本食、それとテクノロジーの方に断然興味があるようです。

いつだったか、一時帰国を終えてマニラに戻る飛行機でフィリピン人の大学生たちと乗り合わせたことがあります。マニラの空港に着いてエスカレーターに乗った彼らは、「ジャパニーズ・スタイルだ」と言いながら左側に立っていました。急ぎの人のために右側を譲るという日本ではごく当たり前の習慣も、フィリピン人にとっては新鮮なのです。

ひょっとすると、近い将来、日本を旅行したフィリピン人の影響で、フィリピンのエスカレーター利用マナーが変わるかもしれません。

私は、日本の若者たちの社会体験学習のためにと、マニラの貧困地域の案内を頼まれることがあります。

日本を旅行する外国人が「日本のホームレスや貧困地区を見学したい」と言ったらひんしゅくを買うところですが、こちらの人たちはいつも底抜けの笑顔で歓迎してくれるのです。私も実は、その昔、教会のツアーで初めてマニラを旅行した時、案内された貧しい地域の人たちの屈託ない笑顔に、なぜあんなに幸せそうなの？　と感激して人生観が変わった一人です。

フィリピンと日本はとても近い国ですが、たどってきた歴史や風土の違いのためか、いろんな面で、ものの見方や人生観が違います。そんな違いを知って互いに学び合えたら素敵だなと思うのです。

親友はカビテーニャ

親友の家の塀に横付けしていた私の車に、トラックがぶつかりました。衝撃音を聞いてすぐに外へ出てみると、サイドミラーは根元から垂れ下がり、ドアを含む右側の車体に今までついてなかった新しい傷が……　私は目を疑いました。

トラックは近所で行われていたパーティーのケータリングが終わって会社に戻る途中で、前席にはドライバーとマネージャーが、そして従業員たちはパーティー用のテーブルや椅子などと一緒にコンテナの中に乗っていました。コンテナ内は当然窓もなく、常夏のフィリピンではサウナ状態です。そこで従業員たちが後方のドアを開けっぱなしにしていたところ、カーブを右折する勢いでコンテナ後部のドアが振られて私の車にぶつかったようです。

マネージャーは「明日修理しに来ます」と言い、連絡先を記したメモ用紙を置いて立ち去りましたが、どうやって元通りしてくれるのでしょう？　私は、「神さま、あなたはどんなハプニングも恵みに変えてくださるお方です。どうぞよい方向へ導いてください！」と祈りました。

私の加入している保険会社に事情を話すと、相手側が加入している保険会社と掛け合ってくれるとのことでしたが、相手は保険に入っていませんでした。仕方がないので、当て逃げされたことにしてこちらの保険で修理してもらい、自己負担金4000ペソ（当時のレートで約1万円）を払ってもらうことにしました。

ところが、相手側のマネージャーが、「ドライバーの妻は最近出産したばかりなんだ。可哀そうだから3000ペソに負けてやってほしい」と言ったので、ドライバーの給料から差し引かれるのは気の毒だと思って承諾したところ、翌朝9時に友人宅で3000ペソを渡すとのことでした。つまり自己負担金のうち1000ペソは私が払うということです。


その夜、私は親友に叱られました。

「被害を被ったのはあなたなのに、なぜ1000ペソ払うの？　もとはと言えば、従業員にバスで戻るための交通費をケチったマネージャーの責任でしょう？」

確かに言われてみればそのとおりですが、昼間すでに電話で承諾してしまったので今さら撤回できないし……　私は板挟みになってしまいました。

次の朝、約束どおりに相手側のマネージャーが来ました。そして、私に３０００ペソを渡そうとした時、親友の「ちょっと待った！」がかかりました。予想どおりマネージャーは「マコは昨日承諾した」と言い張ります。すると、彼女は怒って、近所中に響き渡るような大きな声で言い返しました。

「ドライバーが可哀そうだと言って値切ったそうだけど、もとはと言えば交通費をケチって、人が乗るべきでないコンテナに従業員を乗せたあなたの責任でしょう？　全くの被害者であるマコにどうして１０００ペソ負担させるの？　それに、あなたたちはお金を払えばそれで済むでしょうけど、マコは修理が終わるまで車なしで通勤しなくてはならないのよ？　その苦労を思いやったら値切るなんてもっての外！」

親友ばかりではありません、ジムのマッチョなメンバーも、エアロビクスのクラスメイトも黙っていません（私の親友は自宅でスポーツ・ジムを経営しています）。

マネージャーが「マコとどういう知り合いなのか？」と尋ねると、親友はきっぱりと、「マコは私のベスト・フレンド。私たちの家族よ！」と。

結局、相手は勝ち目なしと観念したか、しぶしぶ４０００ペソを払って行きました。私はなんと頼もしい友を持ったものかと感謝し、いつか彼らに何かあったら私が守ろうと思いました。

ちなみに、私の親友はカビテーニャ（カビテ出身の女性の意）です。カビテの人は正義感が強くて喧嘩っ早いそうで、数々の革命の英雄を生み出しています。

ところで、神さまは私の祈りを聞き入れ、ハプニングを本当に恵みに変えてくださいました。というのも、私の車にはトラックに傷つけられた側に、前から修理したかった古傷がたくさんあったのですが、今回のハプニングのおかげで無料で修理できたのです。本当に神さまはいいお方です！

交通違反と罰金事情さまざま

クリスマスが近づいたある日のこと、車を運転していて警官につかまりました。毎年この時期になると道路に警官の姿が目立つようになるのです。

私の今回の交通違反は赤信号を右折しかけたということでした。実際には停まっていたのですが、少し前にはみ出ているとか。車が右車線を走るフィリピンでは、特別に明記していない限り、たとえ赤信号であっても右折はできると私は理解していますが、警官は頑固に私の免許証を取り上げ、「交通局へ行って罰金3000ペソ（当時のレートで約7500円）を払い、5日間の講習を受けるように」と言うのです。この忙しい時期に5日間も講習？　おまけに3000ペソの罰金なんて高過ぎです。

私は、「そんな時間はないので、代わりに払ってくれる?」と言いました。それは、つまり、袖の下で見逃がしてという意味を込めた私流のジョークですが、実は本気です。それから値段の交渉が始まりした。私が「５００ペソで勘弁して」と言うと、最初は２０００ペソ、やがて１５００ペソ、そして最終的に７００ペソで折り合いがつきました。

いけないこととは知りながら、私にとっては高額の罰金と5日間の講習という仕事への支障から免れることができ、警官にとっては何かと出費がかさむクリスマス時期に臨時収入が入って家族も助かるので、考えようによっては双方にとってクリスマスの善業だということになるかしら？ と思うのですが……。


ところがその翌週、今度は日本からのグループと私が一緒に乗っていた観光バスが警官に捕まりました。違反は観光バスが入ってはいけない車線に入ったということでした。

ドライバーはしぶしぶバスを降り、警官と交渉して戻って来ました。「１５００ペソの罰金と講習を1日受けるように」と言われたそうですが、５００ペソの袖の下で見逃がしてもらったそうです。

「えー？ 私の時は３０００ペソと5日間の講習って言われたわよ？」と言うと、ドライバー曰く、「そりゃー、日本人だからさ」。

なるほど、一見不公平ですが、相手の支払い能力に合わせて罰金のお値段が臨機応変に変わるというのは、ある意味では公平で人間的なのかもしれません。いつのまにかフィリピン的にこんな風に考えている自分が可笑《おか》しくなります。

携帯電話は固定電話

サラマッポ会ネグロス地方の担当責任者、シスター・ナンシーに連絡したくて彼女の携帯に電話をかけたのですがなかなかつながりません。シスターの住む場所は携帯電話の電波が弱い地域なのです。

でも、彼女の部屋のある特定の場所に置いておくとショートメール（ＳＭＳ）が入るため、シスターは毎朝そこに携帯を置いて出かけ、仕事が終わって部屋に戻ってメッセージをチェックするそうです。まるで仕掛けておいた罠（携帯電話）に魚（メール）がひっかかるみたいでしょ？

そういえば、電気も水道も、そして車も道路もないフィリピンの辺鄙《へんぴ》な島に赴任している知人の日本人神父も、やはり携帯の電波が弱いので、ふだんは電波がよく届く山の頂上の小屋に携帯を置いていて、時間のある時にショートメールをチェックしに行くのだそうです。つまり携帯電話を携帯しても受信できないので、固定電話と同じことになっているのです。

私宛に可愛いクリスマスカードが届きました。見ると、熊とリスと小鳥が、降りそそぐ星をつかまえているイラストに添えて、こうありました。

“Hope you catch every little blessing God sends your way!”

（あなたが行く先々で、神さまがお与えになるどんなに小さな祝福をも、すべてキャッチしますように！）

なるほど、受信するために電波に向けて携帯電話を置いておくように、神さまがくださる祝福をキャッチするために心のチャンネルをいつも神さまに合せましょう、ということなのですね。

大荷物で有名なフィリピン人みたいな私

郷里の山口に北風がピューピュー吹き始め、「もう、これ以上は無理！」と、まるで冬になる前に南に飛ぶ渡り鳥みたいにマニラへ戻りました。飛行機がフィリピン上空に近づくと急に機内の空気が熱くなり、半袖に着替える乗客もいましたが、たった3時間半で夏にタイム・スリップできるのです。

フィリピン人は何でも喜んでくれるので、いつもながら、マニラに戻る私は大荷物です。今回は、実家の押し入れに何年もしまい込まれていた新品の鍋やフライパンもお土産《みやげ》として入れました。その他、チョコレートやお菓子、カップヌードル、チーズ、それにフィリピンの子供たちに役立てばと妹が集めてくれた薬局の広告入りボールペン約１００本もあります。

福岡からマニラに向かうフィリピン航空の機内預け荷物は23キロまで（現在はその2倍）と制限があったので、私はまずダンボール箱をいっぱいにして宅配便で福岡空港へ送りました。

その重さは13キロでしたので、もう一つの預け荷物であるスーツケースは10キロまでに留めなくてはなりません。スーツケースに入らないものは、あまり重さを調べられない機内持ち込みのショルダーバッグに詰めましたが、計ってみると10キロもありました。

ところが、マニラへ出発する日、福岡空港でのチェックインの際に、機内預け荷物の合計がなんと5キロオーバーしていると言われたのです。ちょっとくらい大丈夫かなと、ちょこちょこスーツケースに入れたのがまずかったようです。超過料金はとても高くつくので、私はスーツケースから5キロ分を機内持ち込みのバッグに移すことにしました。

そこで、並んでいる人たちの視線を感じつつ選りだしていると、なんとボールペンの入った紙袋が破れて100本のボールペンが辺りに散らばってしまいました。傍から見たらきっと変な日本人、あるいはフィリピン人だと思われたことでしょう。というのも、お土産を楽しみにしている家族や親類が多いフィリピン人の帰国時の荷物は、たいてい私みたいに大荷物だからです。というわけで、荷物を移し終わってもう一度チェックインの列に並んで計ってもらうと、今度はオーバーしていなかったのでほっとしました。

それにしても、15キロのショルダーバッグを担いでよたよた歩く私の姿は滑稽《こっけい》だったと思います。おまけに、マニラの空港に着いて、飛行機からカート置き場にたどり着くまでの長かったこと！途中、車椅子が必要な到着客のために待機している空港職員に出喰わす度に、車椅子で荷物を運べたらなぁと思ったほどでした。

私のクリスマス

皆さんはクリスマスにはどんな過ごし方をされますか？　こちらではNoche Buena（ノーチェ・ブエナ）と言って、クリスマス・イブの真夜中に家族で一緒に食事をするのが習慣です。

私の場合はフィリピンでもちょっと特殊だとは思いますが、友人の家族・親戚、総勢40人でまずクリスマスの聖歌の数々を歌い、感謝のお祈りをして、食後に男女対抗で聖書クイズをして盛り上がりました。お酒もカラオケもありませんが、とても楽しい有意義なパーティーで、来年までにもっと聖書を読んでクイズの得点をかせごうと、私も含めて皆ひそかに思ったみたいです。日本のお正月には百人一首という楽しみがありますが、クリスマスにはこんな過ごし方もいかがでしょう？聖書を読もうという励みにもなると思います。

クリスマスを表わした私の好きな詩を紹介しましょう。

私たちにいちばん必要なものが知識だったら、神さまは教育者を遣わされたでしょう。
私たちにいちばん必要なものが技術だったら、神さまは科学者を遣わされたでしょう。
私たちにいちばん必要なものがお金だったら、神さまは経済学者を遣わされたでしょう。
私たちにいちばん必要なものが楽しみだったら、神さまは芸人を遣わされたでしょう。

しかし、私たちにいちばん必要だったのは、ゆるされることでした。
それで神さまは、救い主を遣わされたのです。（作者不詳）

オフィスの断捨離

オフィスのレイアウトを変えました。もともとオフィスはマニラ市パコ地区のカトリック・センター内にありましたが、１９９０年に火事で焼けたので、今のカラオ通りのビルに引っ越したのです。このビルのオーナーは西本神父の友人のラモスさんです。

火事の当日、ラモスさんは車で移動中にラジオのニュースでカトリック・センターが火事と知り、予定をキャンセルしてすぐに駆けつけてくれました。焼け跡からまだ白い煙がたっていた時でした。そして現場を一目見たラモスさん曰く、「可哀《かわい》そうな日本人、僕のところへいらっしゃい！」。彼は戦争中から日本人にはいろいろお世話になったので、一度こう言いたかったとニコニコ顔でした。

その火事はサラマッポ会のスポンサーたちがツアーで日本からマニラに来られていた最中のことだったので、スポンサーやスカラーたちとの集会のために準備していたものも焼けてしまいました。

それなのに、集会もツアーも予定どおりに行うことができ、オフィスの引っ越し先が火事から数時間後に決まるなんて、私は当時、“With God, all things are possible!”（神さまが一緒なら何でもできる！）と、やけにウキウキしていました。

オフィスを現在の場所に引っ越してみると、ロケーションも交通の便も以前と比べて断然便利、もうかれこれ30年近くになりますが、あの時の火事が幸いしたとさえ思えます。

ちなみに、当時、日本の『カトリック新聞』に火事の記事を載せようと写真を撮ったカメラマンが、日本に帰って現像してみると、写真に写っている人物がみな笑顔で楽しそうだったので困ったと言っていました。

そんないきさつの、居心地の良いマニラ・オフィスですが、西本神父が２０１０年に帰天（神のもとへ帰る）し、サラマッポ会も２０１５年春に活動を終え、スタッフも今は同僚のオデットと私の二人だけになったので、同じビル内の小さい部屋に引っ越したいと思いました。しかし、あいにく空きがありません。

そこで、これまで無用の長物として使ったことがなかったオフィスを半分に仕切るアコーデオン・カーテンを利用することを思いつきました。ふだん使うオフィス・スペースを片方にまとめ、もう片方をダイニングと図書コーナーにすれば、節電できると考えたのです。すると、狙ったとおり、部屋半分の電気を普段オフできるし、仕切ったためにオフィス・スペースはエアコン一台でもよく効きます。これで電気代がどれだけ下がるかも楽しみです。

今までに何度か、オデットがオフィスの整理をしようと言っていましたが、なかなか私はその気になれず、「サラマッポ会が終わるまでは全力投球したい！」と延ばし延ばしでした。でも、やはり何事にも神さまが時期をくださるのですね。西本神父が帰天し、サラマッポ会が終わった今だからこそ断捨離できるものがたくさんありました。そして、長年積もり積もった書類を捨てるものと捨てられないものに区別することで、これからの自分に本当に必要なものが見えてくるように思いました。

台風レポート――被災したスカラーたち

フィリピン流　台風とのおつきあい

こちらの雨季には珍しくないトロピカル・サイクロン（熱帯性低気圧）による暴風雨の中を帰宅すると、我が家の外に向かって開くタイプのガラス窓の取っ手が壊れ、強風にあおられてバタンバタンと窓枠に叩きつけられて、今にも窓ガラスが割れそうでした。なんとかして動かないように固定しようと試みましたがなかなかうまくいかず、仕方がないので、当たってもいいようにと、窓枠にクッションがわりのタオルをかませました。

それからすぐに停電になりましたが、ロウソクもないし懐中電灯も電池切れ、携帯電話の明かりだけが頼りでした。それも充電が残りわずかで、切れるのは時間の問題。

手探りで歯ブラシを探して歯を磨いたのはよかったのですが、今度は水道をひねっても水が出ません。停電すると給水タンクに水が上がらないので断水になるのです。

2階の窓から辺りを見回すと辺り一帯が停電していて、風の音がゴーゴーと鳴り響き、雨天なので月も見えず、まったく混沌とした闇の状態です。闇って、当然ながら完全に光がない状態なんだとつくづく実感しました。

やがて、朝6時頃に辺りがうっすら明るくなると、電気がなくてもこんなに明るくなることに改めて感激し、「神さま、すごい！」と思いました。まさに、「神は言われた。『光あれ』こうして、光があった」（創世記1章3節）のようです。

道路はまるで川のようになる

たくましくも冠水した道路でスイミング！

ちなみに、創世記には、「続いて神は第2日目に大空を、第3日目には地上と海、そして大地の草や果樹を、第4日目に太陽、月、星、第5日目に空の鳥と海の生き物、そして第6日目に人間を創った後、7日目に休まれた」とあります。つまり、神さまは人間を創る前に、人間に必要なものをすべて準備してくださったのですね。

水道からは朝8時になっても水

が出ません。仕方がないので、軒先のバケツに溜めた雨水でTシャツのまま行水していざ出勤。ところが、住宅地の門を出ると大渋滞です。それもそのはず、道路が冠水してまるで川のようになっているではありませんか！　途中、車体の底に水が当たるくらい深い所もあり、マフラーに水が入らないようエンジンを吹かせ続けて進みましたが、結局あきらめて家に引き返すことにしました。

家の水道からは水が出ないのに、外では水が溢れている……　皮肉ですね。

２０１３年11月16日

僻地医療を目指す学生たちを襲った台風

１９７６年、フィリピンの僻地の無医村で働く地元出身の医療従事者を養成するため、国立フィリピン大学は、レイテ島のパロという町に同大学医学部パロ校を新設しました。学部には助産学部、看護学部、医学部があります。

学生たちはフィリピン各地の僻地から来ているため大学近辺に下宿しなくてはなりませんが、家族は貧しく仕送りが困難なので、サラマッポ会では２０１１年から奨学支援を始めました。支援を受けているスカラーたちの担当責任者は、シスター・チタです。

私はスカラーたちがどんなところから来ているかを知りたいと思い、ハロルドというスカラーの郷里、サマール島サン・マテオ村へ行きました。

レイテ島とサマール島の間にはサン・ホワン・ニコ橋がかかっています。

車で橋を渡り、山道を進むことなんと5時間、そのあと小舟に乗りかえて、ようやくサン・マテオ村に着きました。

この村の人口は２０００人、人々は細々と農業を営んでいます。ハロルドの父親もそうですが、1ヵ月の収入は約２０００ペソ（当時のレートで約５０００円）で、５人の子供のうち２人の娘はマニラでメイドとして働いているそうです。

たった一軒しかないこの村の診療所にはほとんどいつも鍵がかかっていて、助産師が回診に来るのは1ヵ月にたったの2回だとか。

ハロルドは、「卒業したあかつきには、毎日ここで村人たちのために働きたい」と、目を輝かせながら言っていました。

サマール島にはもう一人のスカラー、ミシェルの家がありました。ミシェルの郷里出身の看護師の多くは高収入を求めてマニラへ行ってしまいますが、彼女は将来地元で働きたいと言います。ちなみに、マニラでの最低賃金は一日４００ペソ（約９００円）ですが、ミシェルの地元の看護師の給料は一日１５０ペソ（約４００円）と半額以下だとか……　どうりで皆マニラへ行ってしまうはずですね。

ハロルドとミシェルを訪ねてから4ヵ月後、過去に類を見ないと言われるほどの大型台風30号（ヨランダ）がレイテ島を直撃し、その近辺の島々にも壊滅的な被害をもたらしました。サラマッポ会のスカラーたち14名は無事でしょうか？　全員無事であることを願っています。

２０１３年11月20日
遠隔地の集落に支援が届かない

台風30号以来、オフィスには連日のように被災者支援の問い合わせがあります。サラマッポ会東京事務局のスタッフからは、「会員の皆様からたびたびレイテ島への援助の申し出がありますが、私たちは基本的には窓口にはならないで、カリタス・ジャパンをご紹介しています。ただし、既にサラマッポ会の口座に50万円を振り込まれた方もあるのですが……」との知らせ。「カリタス・ジャパン」は日本のカトリック教会にある国内外への援助機関です。

また、ウグナヤンの会の代表からも、「レイテ島を襲った今回の台風被害について、今も毎日のように報道されています。そんな折、ある会員さんより、居ても立ってもおられず、と見舞い金が寄せられました。この方の尊いお心を酌み、何とか生かす手だてはないものでしょうか」と言ってきました。

そして、ＰＨＰ―プゴ奨学支援運動を行っている日本のＰＨＰ友の会からも、「当会は、繁栄、平和、幸福な社会づくりを旗印に社会貢献活動を行っています。この大災害の復興支援を行うため、寄付先の提案をお願いいたします」と連絡がありました。

また、被災したフィリピンの人々に「何か自分ができることをしたい」という温かいメールを、個人的にもいただいています。

私は、他者の苦しみを自分のこととして心にかけてくださる日本の皆さんに感謝と頼もしさを感じると同時に、皆さんのご厚意が確実に被災地で役立つようにするにはどうしたらいいだろうかと考えました。

というのも、遠隔地の集落では道路が寸断されていて物資を運べない所も多々あるのです。実際、スービック港には各国からの膨大な支援物資が山積み状態なのだとか。

電話で話したマニラの邦人新聞社「マニラ新聞」の記者も、いろいろ寄付の申し出はあるが、被災地への輸送方法も分からず、残念ながら窓口になることは断っていると言っていました。

現在、レイテ島のフィリピン大学医学部パロ校に在籍するサラマッポ会のスカラーたち14名のうち、連絡がついているのは5名で、残り9名の安否が気遣われています。

この地域のスカラーの担当責任者シスター・チタは、「緊急支援も必要だがその後どう生活を立て直していくかが大きな問題で、たとえば家をなくしたサラマッポ会のスカラーの家屋の再建を支援するという方法もある」と言います。現地の家はとても簡素な造りなので、少額でも大きな助けになるのです。

また、同じくサラマッポ会の担当責任者の一人シスター・リカが既に、壊滅的な被害を受けた村々に緊急支援物資を運んでいるという情報を得たので、そちらを通しての支援も可能でしょう。というわけで、私たちのオフィスでも窓口役を引き受けることにしました。

2013年11月24日

配給物資には心遣いがいっぱい

シスター・リカの修道会は、いち早く台風30号の被災地への支援を始めました。支援物資はマニラで購入し、家庭ごとに配給しやすいよう袋詰めにして貨物船で運んでいると聞いて、私はさっそく袋詰め作業の現場へ行ってきました。それぞれの袋の中には米5キロ、缶詰9個、コーヒー、インスタント・ラーメン、ビスケットなどの食料の他、Tシャツとショート・パンツがそれぞれ大人用2セットずつ、子供用とティーン用には3セットずつ、そしてタオル、毛布、シーツ、折りたたみマットなど、日本円で約3000円に相当する品々が入っています。

作業をしている学校の体育館では、サラマッポ会のスカラーも含む生徒やその父兄たちが手際よく作業中でしたが、さすがは学校、人手は十分足りていました。

すでに3000世帯用の救援物資を港へ運んだそうですが、車には約200袋分しか乗らないので、港まで何と十数回も往復したそうです。困っている人々に確実に物を届けるためのシスターたちのパワーと忍耐力には頭が下がります。

シスターはマニラのパサイ市にあるビリヤモール空軍基地へ行った時の話をしてくれました。政府の軍用機C130はこの基地からレイテ島へ救援物資を運び、帰りの便には被災者を乗せて戻ります。空軍基地に着くと、被災者たちはまず健康診断を受け、食事が支給され、子供たちは傷ついた心を癒すためにゲームをして遊んでもらいます。そして、マニラの親戚に連絡がつく人たちはその家に送ってもらい、親戚のいない人たちはテント生活をしているそうです。

夜8時頃、シスターは小さな男の子を連れてしゃがみ込んでいる女性に声をかけました。彼女はレイテ島から軍用機で朝5時に着きましたが、レイテ島の空港は搭乗の順番を待つ人々でごった返していて、気がつくと夫の姿が見えず、マニラ到着後に探しても見つからないので、「ここで待ちます……」と涙を流していたそうです。命が助かっても、家族と離れ離れになるという悲劇が起きているのです。

新聞には、「今回被災した多くの地域は貧困層が多く、金銭的余裕のない社会階層が影響を受けているため、被災地の復興がかなり遅れる見込み」とあります。被災された方々が早く平常の生活を送れるよう祈りつつ、日本の皆さんから託された支援の架け橋の一助となりたいと思っています。

2013年12月9日

自分の被災を顧みず救助ボランティアへ

台風30号から3週間後、レイテ島で被災したサラマッポ会のスカラーたちのうち4名がマニラに来て、フィリピン大学医学部付属病院で実習を始めました。そして、実習の合間にシスター・チタと一緒にオフィスに立ち寄り、被災体験を話してくれました。

レナードは、台風が到来した朝4時半、75歳の養母と2人で家にいて、強風で倒れた椰子《やし》の木に家が押しつぶされたので、彼女をまずベッドのクッションで囲みました。血圧を測ってみると240と、とても高かったので、レナードは自分もパニック状態だったのですが、とにかく養母に「落ち着くように」と言い、神さまに「どうか僕にあなたの知恵と導きをお与えください！」と祈ったそうです。

やがて用水路が氾濫して急に家が浸水し、水嵩《みずかさ》がどんどん増すので、椅子を重ねて上へ上へと養母を移動させ、使えそうな薬など、必要なものを水に潜って拾い上げました。さらに水は2メートル以上に達したため、レナードは天井に穴を開けて養母を脱出させました。

マリルーは大学付近の下宿にいました。レスキュー隊に保護されて避難しましたが、台風が去って下宿に戻ってみると、建物は倒壊して何も残っていませんでした。それから実家へ12時間かけて歩いて戻ったところ、一家の唯一の収入源であるバナナの木はすべて倒れていましたが、家族は無事でした。

ハロルドも下宿にいました。交通がマヒ状態だったため、サマール島の郷里に戻れたのは台風から1週間後でしたが、家の屋根と畑の作物を失っただけで家族は全員無事でした。

ジェイムスもやはり下宿先にいました。風で建物の壁が倒れたので、台所の片隅で寒さに震えながら風が治まるのを待ちました。台風が去ると、家族のことが心配で、歩いて郷里ボホール島へ向いましたが、ボホールにいる父親もジェイムスのことが心配で彼の下宿へ歩いて向い、双方行き違いになりました。

マニラでの病院実習は正規には2週間ですが、今回は特に被災地でのケアのために、抗ストレス・トラウマ治療についての研修が1週間増えて3週間になるそうです。レイテ島のスカラーたちは、自分たちも被災しているのに、台風直後から救助活動や医療ボランティアに参加しています。また、最初の4日間は水だけで過ごしたそうです。4人のスカラーたちの体験を聞いた後、シスター・チタは彼らに言いました。

「このような惨事に遭いながらも無事だったのは、神さまがあなたたちに人々の助けとなってほしいと望まれたからです。これから身につける技術や知識は決して自分自身のためではありません。それは苦しんでいる人たちを助けるためのものです。

決して自分中心になってはいけません。他者の喜びを共に喜び、悲しむ人を励まし、互いに家族として助け合いなさい。日本のスポンサーは、見ず知らずのあなたたちのことを心にかけ、助けてくださっているのですから……。」

シスター・チタの話を聞く4人の目から涙がこぼれ落ちました。

そして今日、レイテ島のサラマッポ会のスカラー14名が全員無事だと確認でき、ホッとしました。私は、皆さんからの真心のこもった義捐金《ぎえんきん》をシスター・チタに渡しました。それは、当オフィスが橋渡しした最初の義捐金です。シスターは目を輝かせて、「さっそく家を失ったハナの家族に手渡すためにレイテ島へ持って行きます」と嬉しそうでした。最後まで安否が気遣われていたハナの家は海の近くだったので完全に流され、現在も拾った木や布で造った掘っ立て小屋で救援物資をあてにして生活しているのです。

２０１４年１月６日
原則は〈「現地で」物資を「直接」手渡す〉

シスター・リカは、レイテ島付近のバセイ島で４０００世帯、マラバット島で２５００世帯に支援物資を配って、昨夜マニラに戻ったばかりです。以前、他の団体から島の人たちが受け取った支援物資は古着でしたが、シスターたちはそれぞれ、米５キロ、新品の衣類、タオル、シーツ、食器など、被災者の喜びそうなものをたくさん配りました。島の人たちは農家がほとんどですが、作物はすべて波で流されて全滅したため、唯一台風の被害を受けなかった芋を食べて生活しているのです。

それにしても、寄付に託した方々の思いを実現するのはかなりのエネルギーがいることだと思います。シスターたちの原則は、支援物資分配を地元リーダーに任せないで、現地へ行って被災者に

各地から集まった支援物資をシスターたちは被災者に直接手渡して廻った

直接手渡すことです。そうしないと本当に必要とされる人たちの手に渡らない可能性があります。事実、マカティやその他の都市の日用雑貨のお店で、米軍からの支援物資が売られていたのですから。

また、シスター・リカは、台風で漁船を失った漁師のために漁船を造ることも検討中で、どの程度の船を、どれくらいの家族が必要としているのかなど、現地のソーシャル・ワーカーからの詳しい情報を待っています。もともとそこの漁師たちは貧しく、手漕ぎ船で細々と近海で漁をしていましたが、遠くへ行けて水揚げ量が増えると期待されるモーター付きの船にしてはどうかという意見もあるそうです。

そこで、シスター曰く、「モーター付きの船を買えば収入は増えるかもしれないけど、ガソリン代や維持費も計算して、計画的に運用することを教えなければいけないわ。それに、漁船をプレゼントした後も、貧しい彼らがお金に困って船を売ってしまわないように、誰かが管理する必要もあるわね」。そこには、船を渡した後も彼らの生活を見届けたいという、シスターの親心とも言える教育的な配慮がいっぱい感じられました。

２０１４年１月21日
何が起きても絶望しない心の余裕

シスター・チタが、被災したスカラーたちに会うためにレイテ島へ向かいました。空港内は混雑していたので、車を貸し切って車の中でのミーティングをしましたが、スカラーたちの明るさにホッとしたそうです。

スカラーたちのうち２人は父親が日雇いの大工ですが、口ぐちに、

「台風以来、お父さんは家造りの注文が殺到して大忙しよ。家といっても雨露がしのげる程度の掘っ立て小屋、材料はあちこちに落ちてるから拾えばいいでしょう?」

と明るく話しました。

ミシェルは、友だちから「あなたにメールしようと思ったんだけど、きっと泳いでいる最中だろうと思って遠慮したのよ」と言われたり、「あなた、まだ息してる?」とメールをもらったそうです。

ひょうきん者のハナは診療所で医療実習中だったそうで、

「私はちょうどお産に立ち合っていたの。赤ちゃんは待ってくれないから台風にかかわっている暇なんてなかったわ。でも、実習が終わって家に帰ろうとしたら辺りが激変してるし、私の家が消えてたのでびっくりしたわ」

と、身振り手振りで皆を笑わせたそうです。

このような状況にあっても笑って話せる余裕と明るさって、フィリピン人の才能であり強さだなと思います。

ミーティングに参加した最年長スカラーのチャリトは、シスターにサラマッポ会へのメッセージを託しました。

「明けましておめでとうございます。私たちの国、特に私たちの住む地域で起こった災難を知って、きっと皆さん心配しておられることでしょう。こちらは今でも強い雨がしょっちゅう降っていて、あちこちで洪水が起こっています。膨大な瓦礫が川を詰まらせ、洪水が起こりやすい状態になっているからです。

現在の私たちにとって、生きることはたやすいことではなく、いつも信仰が試される毎日です。大型台風がやってくるというニュースを聞いた時、私たちには信じられませんでした。天気は晴れていて穏やかだったからです。しかし、その台風の威力は予想をはるかに越え、多くの命を奪いました。私たちの家も倒れてしまいましたが、幸いひとつの部屋だけが残ったので、そこに今、家族全員で住んでいます。

台風から数週間、お金にはまったく価値がなく、みんなお腹がすいて食べ物を探し求めていました。

私は今、神さまに感謝を表わしたくて、さまざまな医療ボランティアに献身しています。生き延びたから人を助けられるのですから……　そしていつも、『自分がどんなに恵まれているか、そして自分を可哀そうに思う理由なんてどこにもない』ということに気づかされるのです。

来月には授業が再開します。人生は続いていくのですから、私も前向きに進んで行くよう頑張ります。」

2014年1月27日

神さまが台風禍から私を救われたわけ

レイテ島のスカラーから、オフィスにこんな手紙が届きました。

「明けましておめでとうございます！　皆さんは今年のお正月をどのように祝われましたか？　私たちは、救援物資でささやかなお料理を作って皆でいただきましたが、今年のお正月は、ご馳走は私たちにとってさほど重要ではなく、家族全員生きているということが一番でした。

今回の台風は私の故郷ヘルナニ町の人々にとって悪夢でした。家々は大波に飲み込まれたり強風で壊されたり。瓦礫が散在し、田圃や道のどこにでも死体がありました。特に、台風が去った日の

家族で全員の無事を祝って記念の一枚（右端がミシェル）

午後、生き残った人たちと歩いた時に見た死体のあまりの多さにはぞっとしました。

しかし、何千人もの人々の命を奪った今回の台風が私たちから奪うことのできなかったものがあります。それは私たちワライ語圏（ワライ語はサマール島を中心に話されている言語）の人々の笑顔です。特に私の故郷、ヘルナニ町の人々は、どんな逆境も笑いに変えることができます。カメラの前ではなおさら笑顔です。それを私はとても嬉しく思います。悲しみを乗り越え、瓦礫《がれき》の中から立ち上がり、復興に向かって頑張るヘルナニ町の人々をとても誇りに思うのです。

私は今、ヘルナニ町の医療チームの一人として奉仕しています。診療所は瓦礫に埋もれたため町役場に机を借りて診療にあたっていますが、傷を受けた被災者の治療や、診療所から持ち出すことのできた破傷風の薬を注射したり、バランガイ（最小行政区）を訪ねて患者たちに応急処置をしたりしています。

台風直後は道が寸断されて交通手段がなく、炎天下を歩いて生存者のために医療サービスを行ないました。重症の患者を運ぶためには一般の車を止めてお願いしなくてはなりませんでしたが、無視して通り過ぎる人もあれば、親切に乗せてくれる人もいました。

診療所での医療サービスの他に、海外からのメディカル・ミッションにも参加しています。とても疲れますが一日も休んだことはありません。なぜなら、神さまがあの大型台風から私を救ってくださったのは、人々の命を救う手伝いをしなさいと選んでくださったからだと思うからです。皆様の健康と安全をいつも祈っています。ミシェルより」


私は明日、サラマッポ会を通して送られてきた義捐金をスカラーたちに手渡すため、シスター・チタと一緒にレイテ島へ行きます。復興支援として、家を完全に無くした2人にはそれぞれ12万円分のペソを、そして屋根及び壁が崩れた4人にはそれぞれ5万円分を用意しました。

その他、食パン、チーズ、ツナ缶詰、ソーセージ缶詰、コーヒー、ミロ、クッキーなど、学生たちが喜びそうなものをマニラからお土産に持って行きます。現地で配給されている支援物資はほとんどがお米、インスタント・ラーメン、イワシの缶詰と聞くので、違うものを選びました。現地は停電状態で冷蔵庫もないので、常温保存できるものでないといけません。また、大学の授業が数日後に再開するので、新しい通学用のリュックサックも購入しました。レイテ島の空港でみんなに会

台風30号の残した傷跡は大きかった

うのが楽しみです！

２０１４年1月31日
悲惨な状況下でも笑顔になれる

シスター・チタとレイテ島の空港でスカラーたちの出迎えを受け、その足でお腹がすいているみんなとダウンタウンへ向かいました。市内にはまだ閉まったままのお店も多く、フィリピンで最もポピュラーなファスト・フード店「ジョリビー」のお持ち帰り用窓口は長蛇の列でした。

やっと見つけた営業中のレストランで食事をした後、私はサラマッポ会を通して送られてきた義損金を、それぞれの必要に応じた金額にし、封筒に入れて手渡しました。まったく予期していなかったスカラーたちは驚き、涙ぐみました。日本で台風のニュースを知ってすぐに「なんとかしてあげたい」と、居ても立ってもいられずに寄付を送ってくださった

ポンプで汲んだ水を家に運ぶ兄弟（上、下とも）

方々のことや、どんなに日本の人たちが心を痛めているかを伝えると、さらにみんなの涙が止まりません。

最年長のチャリトは35歳、医学部に進学しようとしていた矢先に父親を失いました。そして、病気の母親の医療費のために看護師として働いていたところ、サラマッポ会の支援を受けることでようやく念願の医学部に入ることができました。彼女は結婚していて小学生とハイスクール生の子供がいますが、こんな風に話し始めました。

「台風が襲った時、私たちは絶望的でした。癌《がん》で寝たきりの母と私の家族4人で住んでいる小さな平屋の家が一気に胸まで浸水した時は必死で、全員助かったことが不思議なくらいです。

見ず知らずの方が支援してくれるなんて思ってもいませんでしたが、日本の皆さまの温かい心のこもったこのお金を有り難くいただき、家屋の修理に使わせてもらいます。

長い間抱いていた医者になるという私の夢を叶えるために支援してくださるサラマッポ会とスポンサーに報いるためにも、しっかり勉強して必ず良い医師になります。」

食事が終わって、全員でチャリトのお母さんのお見舞いに行きました。台風で屋根とドアが壊れた家の台所から入ると、かろうじて残っている6畳くらいの部屋に家族全員で住んでいるとのこと。肺癌のために寝たきりのチャリトのお母さんは二段ベッドの下段に横たわり、突然訪れたシスターと私に、いかにチャリトへの奨学支援に感謝しているかと、何度も何度もお礼を言いました。

移動中の車から見える光景はどこを見ても廃墟と瓦礫の山でした。家の持ち主が亡くなったのか、たくさんの家々が放置されています。流された車は家の塀に乗り上げた状態のまま。水がビルの2階以上に達した空港近くでは電柱のてっぺんにゴミが引っかかっています。台風から約3ヵ月経っても清掃できていない地域がたくさんあり、片付けるたびに遺体が新たに見つかるそうです。

私は、被災地の現実を目の当たりにして、今回もまた、どんな悲惨な状況においても笑顔になれる彼らの強さ、心の立ち直りの早さに「さすがフィリピン人だ」と感心しました。そこには「決して見捨てない、どんな時にも共にいる」と言われる神さまへの彼らの揺るぎない信頼が表われていると思います。そして、まさに信仰の上に立つとはこういうことかと教えられました。

第2章

なるほど！

フィリピンで教えられた

フィリピンの子供たちは、様々な節目々々において、
「神さまから大切にされていること」、
「周りの人から大切にされていること」、
「自分を大切にすること」を
大人たちから教えられて成長し、
「他者を大切にする人」になるのだと私は思います。

日本人が忘れかけているあれこれ

なんでも楽しんでしまうセンス

20数年前に卒業したサラマッポ会の元スカラーのレネが、息子を連れてオフィスを訪ねてくれました。彼は勤めている会社の社員旅行で東京へ行きましたが、それはかなりの珍道中だったようです。

たとえば、東京のタクシーの車内になんと1000ドル置き忘れ、途方にくれてホテルに戻ったところ、乗ったタクシーの運転手がすでにホテルまで彼の1000ドル全額を届けてくれていました。レネは日本人の誠実さに大感激していました。

また、地下鉄の自動改札機で切符の入れ方がわからなくて往生したり、レストランでオーダーした後にドルでは払えないと知って真っ青になったこともあったとか。さらにお金（ドル紙幣）はたくさん持っているのにセブン・イレブンの前で買い物もできずにお腹を空かせていたこともあったようです。きっと、マニラのように両替商はどこにでもあると思っていたのでしょうね。

残念ながら今回は彼を支援してくれたスポンサーとは行き違いで会えなかったので、次回はきちんと計画性をもってアレンジしたいと言っていました。ちなみに、ビザが下りたのも、出発の前日だったのだとか……。

たしかに、綿密に計画し、慎重に物事を行う日本人と違い、フィリピン人は、例えると、パラシュートをつけて飛んでしまった後に、どこへ着地するかを考える――というパターンが多いのです。しかし、それでも大いに楽しんでいる彼らを見ると、フィリピン人ってどんなシチュエーションでも物事を楽しむセンスを持っているんだなぁと、レネの日本体験話を聞きながら思いました。

終業式？　表彰式？……　「大切にされた」という思い出

フィリピンの学校では、学年度の最後にRecognition（表彰式）の日があります。式で名前を呼ばれた生徒は、それぞれメダルやバッジをつけてもらうために、親と一緒に晴れの舞台に上るのです。メダルをかけるのは親の役目です。

メダルを喜ぶキャンディス

私の友人の孫キャンディス（小学2年生）は成績が上位3番だったので、オリンピックの表彰台でもらうような、ずっしりした銅メダルをかけてもらいました。よほど嬉しかったのでしょう、家に帰って汗びっしょりの制服を脱ぎしばらく下着で過ごしていた時も、メダルはしっかり首にかけていましたから。

表彰される内容は成績だけはありません。きっと

表彰される内容はさまざま、子供たちをはげますために

子供たちを励ます意味があるのだと思いますが、何かいいところを見つけてその子のために賞を創ることも珍しくないのです。

生徒たちの表彰式の後、先生たちの表彰もあります。大人だって表彰されたいということでしょう。とにかく、フィリピンの人たちは表彰されるのが好きです。

ちなみに、友人の娘サマンサのハイスクールの卒業式では、卒業証書授与の他に、卒業生全員がそれぞれ何らかの賞を受けるため名前を呼ばれ、ステージの晴れ舞台に上りました。サマンサはコーラスの銅メダルをもらいました。そこには、生徒たち一人ひとりに「よく頑張ったね！」と、褒めて、認めて、最後を見送るという学校の優しさがあると感じます。生徒たちは誰も皆、「大切にされた」という思いを抱いてハイスクールを後にし、ある者は大学へ、またある者は社会へと飛び立つのです。

フィリピンの子供たちは、さまざまな節目節目で、「神さまから大切にされていること」「周りの人から大切にされていること」「自分を大切にすること」を大人たちから教えられて成長し、「他者を大切にする人」になるのだと私は思います。

サージの諦《あきら》めない生き方

私のオフィスの同僚で一番古株だったサージは、肝っ玉母さんのようにスカラーたちの相談に乗り、よく親身の助言をしていました。

サージはバタンガス州の田舎の出身で９人きょうだいの下から２番目です。父親は小作人で家は貧しく、子供たちは小学校までしか行けない状況でした。サージも小学校を卒業するとしばらく父親の農作業の手伝いをしていましたが、その後ベビー・シッターとして住み込みで働くためにマニラへ来たのです。

ところが、どうしても勉強を続けたかったサージは、マニラ市の公立ハイスクールの試験を受けて合格し、市場で野菜を売る姉の家に住みながら念願のハイスクールへ行くことになりました。公立校は授業料が無料とはいえ、諸経費（制服や学用品、毎日のお弁当代、研究の材料費、修学旅行代など）が必要です。お金のない彼女は、登校前の早朝と学校から帰った後、市場でバナナを売って働いたそうです。

やがてハイスクールを卒業したサージは大学進学を望みましたが、そんなことは不可能だということは誰の目にも明らかでした。ところが、彼女がハイスクールを卒業したちょうどその年から、マニラ市が授業料無料の大学、ＰＬＭ（マニラ市立大学）を開校し、道が開けたのです。

この大学はとてもレベルが高く、落第点が一科目でもあると自動的に退学させられ、留年は許されないという厳しさです。サージは入試に合格し、大学の図書館でアルバイトをしながら必要経費を賄いました。図書館で働いていたおかげで、在学中の４年間に購入した本はたった一冊で済んだそうです。

１９７１年に大学を卒業したサージは社会福祉省に就職しました。ところが、何年か経ってミンダナオ島へ赴任の任命を受けた時、サージの母親は彼女が危険なミンダナオ島へ行くことを許しませんでした。すると、悩んでいる彼女に上司が「日本人の神父のオフィスで働いてみないか？」と持ち掛けました。当時、西本神父はマニラでオフィスを開設したばかりで秘書を探していたので、渡りに船と彼女は上司の勧めに従いました。

サージはいつもスカラーたちにきっぱりと断言するかのような口調で、「貧困は教育の妨げにはならない」「奨学支援を受けられるあなたはとても恵まれている」と言います。よく聖書の言葉を引用して、「貧しさの中からラクダが針の穴をくぐるようにして教育を受けた」と言っていましたが、そういう経歴を持つ彼女の言葉だからこそ力があるのだと思います。

その日届いた友人からの名言のショートメールは、今回の話題にぴったり、とてもタイムリーでした。

「私たちは人生でのすべての戦いに勝てるのです。私たちが負けてしまうのはあきらめたり希望を失ったりするからなのです。だから、どんなに困難でも最後まであきらめず、神に希望をおきましょう。レースが終わらないと勝者にはなれないのですから」

波打ち際に並ぶ、サラマッポ会と日本の PHP 友の会が寄贈した漁船

台風ですべてを失っても笑顔を失わない漁師

２０１３年11月にレイテ島を直撃した過去に類を見ないほどの巨大台風。その高波でタナワン村の漁師たちは家も漁船も失い、掘っ立て小屋で生活していました。そんな彼らに新しい漁船を造ろうと、サラマッポ会の担当責任者のひとり、シスター・リカは、寄付を募りました。そこで、サラマッポ会とＰＨＰ友の会からの義捐金の使い途《みち》を任されていた私は、タナワン村の漁師たちに船を寄贈するため、シスターに義捐金を託しました。

それから2ヵ月後、完成した漁船を見るためレイテ島タナワン村へ行くと、新品でピカピカの漁船が波打ち際に並んでいました。

サラマッポ会と日本のＰＨＰ友の会からそれぞれ10艘ずつ寄贈された計20艘の漁船にはモーターが付いているので、以前よりも遠くまで漁に行くことができます。水揚げ量が以前より多くなるので、40家庭で協力して獲れた魚を加工品にしたりして、収入を増やしたいそうです。

ところで、漁師たちはすさまじい台風と高波の様子や大切な

どんな状況下でも笑顔が絶えない

家族を亡くした心が痛む体験を話してくれましたが、その後すぐにケロッとして仲間とジョークを飛ばすので、私はちょっとびっくりしました。たとえ死んだとしても天の父である神さまのもとへ帰ったという希望があるからでしょうか？　あるいは、生きることに精一杯で、被災者として泣き言を言う間もないからでしょうか？

彼らを見ていると、私たち日本人はそもそも心配し過ぎ、悩み過ぎではないかと感じます。私はけっこう〝神さま大好き人間〟で、何があっても神さまに頼って生きていると思っていますが、それでもやはり日本人的にしょっちゅう心配してしまいます。だから、どんなに大変な状況でもうろたえない、余裕のフィリピン人を見ると、「すごいなぁ、フィリピン人の神さまへの信頼って、口先だけじゃないんだわ」と思うのです。

私たちには世界を変える責任がある

サラマッポ会のブラカン州サパンパライ地区担当責任者、ケリーさんはアイルランド人で、もともとはカルメル会という修道会の神父でした。この修道会は社会を離れて修道院の中で祈りの生活を送る観想修道会ですが、１９６１年に31歳でアイルランドから来比した彼は、次第に修道院の外で奉仕したいという思いを強くし、特別に長上から許可をもらって近くのハイスクールで教えたり、修道院周辺の家々を訪問するようになりました。

ちょうどその頃、マニラ市の行政当局が不法居住者をサパンパライへ強制移住させるプロジェクトを始めました。しかし、サパンパライは山の中で、当時は田園地帯でしたから、マニラから強制移住させられた〝農業を知らない人たち〟は途方に暮れてしまったのです。そのことを知って心を痛めたケリーさんは、週末にサパンパライへ行っては人々の相談にのるようになりました。

やがて、長上から修道院での生活に戻るよう命じられた彼は、たとえ神父としての資格を失ってもサパンパライの人たちを見捨てることはできないと思い、カルメル会を退会しました。そして、「子供たちに教育の場が必要」という声に応えるため、マニラの学校や友人たちを回って寄付を乞い、2年後（１９６６年）に小学校６クラスを完成させたのです。

ところが、その翌年、台風で校舎が全壊してしまいました。ケリーさんはもうあきらめるしかないかと悩みながらも、「私のしようとしていることがあなたの御旨《みむね》なら、どうか助けてください」と神さまに祈りました。

するとどうでしょう、以前よりもっと多くの寄付が学校再建のために集まり、今度は小学校だけでなくハイスクールと大学も完成し、１９９５年に地元のカトリックの教区に運営を譲るまで、サパンパライの多くの子供たちに教育の場を提供することができるようになったのです。

同時に彼は、子供たちが勉強するために放課後や週末に利用できる教育センターも造りました。

マニラから強制的に転居させられた家はウサギ小屋のように狭く、子供たちが勉強に集中できる環境ではなかったからです。

教育センターのモットーは"Love serves !"(愛は仕える)。サブタイトルに"Each person is responsible for changing the world."(私たちはそれぞれ、世界を変える責任を担っている)とあります。それはまさに、サパンパライの人々を愛したケリーさんが実践していることであり、私たちにも問われていることだと思います。

「やることはいっぱいあります」

毎年春に、サラマッポ会ではその年に大学を卒業するスカラーたちのために、日本からのスポンサーたちを交えて、お祝いのパーティーを催していました。２０１４年のパーティーではサパンパライ地区のスカラーの一人、フロレサが卒業生代表として、こんなスピーチをしました。

――「今日は『私たちに課せられた一番大きな責任は、他者を助けることである』ということを実感させてくれるすばらしい日です。こんなことを8年間もスポンサーからの助けに頼っていた私のようなスカラーが言うのもおかしいかしら?

私の父は小作人、母は工場でパートの仕事をしています。子供は11人で、私の上に6人、下には4人の兄弟姉妹がいます。

私の人生はスカラーになったことで完全に変わりました。自分の世界がより大きく広がることを知ったのです。

ハイスクール1年生の時、私はあるショーのチケットをもらってマカティ市の劇場へ行き、生まれて初めて大都会を見ました。高層ビルと美しい道路、それはまるで違う星のようでした。私は高層ビルの階を数えながら、『いつか、このどれかのビルのオフィスで働こう』と心に決めました。私は家族の中で初めての大学卒業者です。兄と姉たちはハイスクールを卒業してまもなく結婚し、現在は４人の妹や弟たちもハイスクールまでしか行けない状態ですが、私が就職したら彼らを大学に行かせます。

私たちサパンパライ地区のスカラーたちの担当責任者であるケリー夫妻は、スカラー全員をそれぞれ『チャンピオン』として扱ってくれます。いつも私たちのことを『スーパー・スター』であり『輝く光』だと言ってくれます。でも私たちにとってスーパー・スターは、私たちを支援してくださる日本のスポンサーの皆さんです。

私はいつも祈る時、『神さまありがとう』と繰り返します。神さまが私にお与えくださった恵みを思う時、感謝する以外に何も言うことはありません。そして、どうしたらお返しできるかを神さまに尋ねるのです。私がどんなに望んだとしても日本の皆さんの善意とご親切にお返しすることはできません。でも、私の周りの世界を愛で満たす努力はできると思います。

新卒業生の皆さん、私たちは世界を変える協力をするためにここにいるのです。『愛は仕える、愛は与える』をいつも心に刻んで毎日を始めましょう。やることはいっぱいあります！」――ちなみに、フロレサはハイスクール1年生の時に心に決めたとおり、現在、憧れの大都会マカティにある高層ビルのオフィスで働いています。

郷に入っては郷に従え

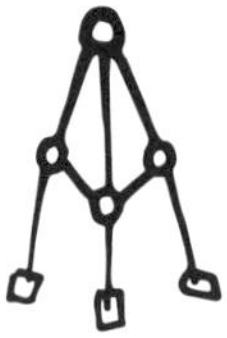

和気あいあいになる秘訣

こちらのパーティーではよく演《だ》し物としてゲームをします。ある年、サラマッポ会のスカラーたちの大学卒業を祝うパーティーで、日本からのスポンサーとスカラーたちが一緒にテーブル対抗のゲームをしました。

最初は「パスタで塔を」というゲームです。まず、テーブルごとに20本のスパゲティー・パスタとセロテープ、そしてマシュマロが一つ配られます。セロテープでパスタをつないで塔を作って立たせ、先端にマシュマロをつけ、一番高いパスタの塔を立てたら勝ちです。平面で組み立てるのは簡単でも、それを立たせるのは至難の業。皆それぞれに工夫を凝らしながら挑戦しましたが、8つのテーブルのうち、見事に「パスタの塔」を立たせたのは1つだけでした。ちなみに、そのテーブルを仕切ったのは土木工学部を卒業したばかりのマイケルです。やはり、彼の専門知識が役にたったのでしょうか？

二つ目は「みんなで一緒に絵を描こう」ゲーム。テーブルごとに全員の手首を隣の人の手首と紐《ひも》で結んで円になり、カラーペンで画用紙に絵を描いて出来栄えを競います。隣の人と手首が結ばれているので思うように描けないところがもどかしくて面白いのです。

次は「自己紹介ごっこ」。スポンサー全員で円になって椅子に坐り、それぞれのスポンサーの前にスカラーが立ってまず自己紹介を始めます。１分経ったら次にスポンサーが自己紹介をして、さらに1分経つとスカラーたちは隣のスポンサーに移ってまた自己紹介をしていくというゲームです。

スポンサーのほとんどは英語ができないのに大丈夫かしらと心配しましたが、実際に始まってみると身振り手振りで話が弾み、１分では切り上げられず、スポンサーたちはもっと話したい様子……　言葉のギャップはまったく問題ありませんでした。

中には、「マコちゃん、僕が英語しゃべっているところを写真に撮って！」と頼むスポンサーもいました。英語は写真に写らないのにぃ（笑）。

というわけで、ゲームでみんなグッと親しくなれたのですが、このように、フィリピン人の「ちょっとしたアイディアでゲームを楽しんで和気あいあいになる才能」には、いつも感心します。

ちなみに、国際会議で司会者が苦労することが二つあって、その一つはインド人をいかに黙らせるか、そしてもう一つは日本人にいかにしゃべらせるか、だ――と聞いたことがありますが、日本での会議やパーティーでもゲームを取り入れたらいいかもしれませんね。

子供たちが書いたクリスマスカードは本物

１９０６年、ルソン島北部のラ・ウニオン州にあるプゴという小さな町に、ベルギー人の宣教師たちが学校を建てました。ところが、第二次世界大戦中に旧日本軍の爆撃でこの学校は崩壊し、その後再建された木造校舎も50年足らずで老朽化して床が抜け、壁が崩れて使えない状態になり、生徒たちは校庭のアカシヤの木の下で授業を受けていました。

そこで、当時の校長シスター・ステラは、校舎改築のための資金集めに奔走しました。

そんなある日のこと、シスターはマニラの西本神父の名前を耳にしてオフィスに来られたのです。神父はシスターの話を聞くと「そうだ、和子ちゃんに相談してみよう」と、当時の「ＰＨＰ思いやり運動」の理事、また、日本でベストセラーになった本『置かれた場所で咲きなさい』の著者でもある渡辺和子シスターに連絡しました。

すると間もなくＰＨＰ思いやり運動で校舎を改築することが決定し、渡辺シスターは改築のための支援金を持ってマニラに来られました。そして、翌２００２年に新校舎が完成したのです。

ところが、ＰＨＰと学校との関係は、校舎改築の支援だけでは終わりませんでした。貧しい生徒たちが家計を助けて働き、その結果学校へ行けなくなるという現状があるため、家族が子供たちの労働力をあてにしないですむようにと、教育里親運動（ＰＨＰ―プゴ奨学支援運動）が始まったのです。中には、子供に質の良い教育を与えたいと、生活費を切り詰め、過重労働をし、時には借金してまでこの学校を選ぶという親もいますが、いずれにしても、奨学金は親と子供にとって、大きな助けとなっているのです。

毎年クリスマス前になると、支援を受けているスカラーたちは教育里親であるスポンサーに宛ててそれぞれクリスマスカードを書きますが、和訳を担当する私は、その内容にいつも感心します。これはある小学６年生が書いたものです。

「世界で最初のクリスマスは、神さまがご自分から離れてしまった人間たちと和解するために、御子イエス様を救い主として私たちのうちに誕生させてくださった日です。

イエス様は生涯を通して、神さまがどんなに私たち人間を愛しておられるかを伝え、神さまの子供として立ち帰ることができるようにと私たちの罪を背負い、十字架に架けられました。

クリスマスは私たちにとって自分を見つめ直す最高の時です。神さまを離れたら、決して人間は幸せになれません。このクリスマスに、あなたがイエス様を心に迎えられ、神さまの愛に気づくことができますように祈ります。

メリー・クリスマス、そして恵みに満ちた新年をお迎えください。愛をこめて――」

クリスマスと言えばパーティーや恋人とのデートの時というイメージが先に来る日本人。特に最近はマスメディアがこの傾向を助長して、今年のクリスマスは誰と過ごすの？　と問われると、家族ではなく「男女二人だけ」と答える人の多いこと。

商魂に乗せられてしまった日本の若者たちはそれがクリスマスだと思い込んでいるような気がします。でも、フィリピンの子供たちはこんなふうに、クリスマスの本当の意味をよく知っているのです。

神さまと一緒に生きている素敵な88歳

「子供用のタガログ語聖書を買いたいんだけど、ＰＢＳに連れて行ってくれないかしら？」友人の義母ナナイ・ジュリーからのたってのお願いです。ＰＢＳとはフィリピン聖書協会の略で、さまざまな言語で訳された聖書を売っています。私は休日にナナイをＰＢＳへ連れて行きました（ナナイとはお母さんという意味）。

ナナイは88歳、現役のプロテスタントのボランティア・ミッショナリー（宣教師）です。彼女の1週間のスケジュールを聞いてみると、火曜日の夜は聖書の勉強会、水曜日は祈りの会、木曜日の午後は教会の婦人たちの集い、金曜日は病人のお見舞い、土曜日の夕方は子供たちのための聖書の勉強会、日曜日は朝と夕方に教会へ。そして月曜日は洗濯とお買物――とのこと。また、1日1食しか食べていないという近所の貧しい子供たちのために、よくスープやお粥を作ってご馳走しています。

ナナイは14人きょうだいの長女です。両親とも50代で亡くなったので、彼女は13人の妹や弟たちの親代わりとして全員を大学まで行かせましたが、彼女自身は貧しい両親を助けるために小学校を4年生でやめて、市場で野菜を売って働いたそうです。それでも英語を聖書で独学し、大手のタバコ会社のマネージャーとして25年間勤務しました。

ナナイの好きな言葉は“Make me a blessing.”（私を通して誰かが祝福されますように）。聖書の中でキリストは、

「私たちの天の父である神さまは、私たちに必要なものをすべてご存知なのだから、何も思い煩わなくていい。だからまず神の国とそのみ旨を行なう生活を求めなさい。そうすれば必要なものはすべて神さまが与えてくださる」（マタイによる福音6章31節〜33節）

と言われました。まさにナナイはそれを実証しているようです。

シスターは強い！

サラマッポ会の担当責任者の一人シスター・リカが、ディビソリアというマニラの下町に、台風30号の被災者への救援物資を買いに行く途中、オフィスに立ち寄りました。ディビソリアは卸値段で買えるため、マニラで一番繁盛している市場です。よりたくさんの救援物資を手に入れるためとはいえ、そこはいつも買い物客でごった返しスリも多い場所。そこに大金を持って行くのですから勇気がありますね。

シスター・リカは、何千世帯分もの救援物資をそれぞれの被災地へ、2GOという運送会社のコンテナ船で運んでいるそうです。私は別件で2GOに問い合わせて、1キロあたり700ペソかかると言われたことがあるのに、シスターは無料だと言います。そこで尋ねると、「実は…」と、いたずらっぽい顔をしてこんな話をしてくれました。

台風30号の被災地への救援物資をいち早く集めたシスター・リカとその仲間たちは、それらをレイテ島へ送るため、勇んで2GOへ運びました。すると、1コンテナ分6万ペソ（約15万円）かかると言われたそうです。ところが、彼女たちが持っていた現金はなんとその20分の1、つまりたったの3000ペソだったのです。

シスターは、「私の持ち金は3000ペソ、それを全部あげてしまったら修道院に帰る交通費がなくなってしまうわ」と訴えました。

「そんなこと言われても……」と、困った社員は課長に相談しました。

すると、一向に引き下がらないシスターに課長も閉口して半額にしてくれると言ったのですが、それでもシスターは頑として一歩も譲らず、いつまでも座り込んでいる様子です。やがて課長から支店長へと話が行き、とうとう根負けした支店長は、例外的に無料にしてくれたのだそうです。

それにしても、シスターったら、荷物を運ぶ前に電話で問い合わせるなんてことはしないのですね？　これが「当たって砕けろ」精神というのでしょうか。

結局、物資をコンテナに積んでくれた社員たちにチップとして2000ペソをあげても1000ペソ残り、シスターは帰りの交通費もしっかり確保できました。でも、実は、運送賃無料にはちょっとしたルールがあります。それは2GOのスケジュールに合わせるということ、つまりフィリピン各地へ荷物を運ぶ2GOのコンテナ船の隙間にシスターたちの支援物資を便乗させてもらうという形なのです。

修道院から港への物資の運搬の方も、当初は普通のバンで10数回も往復していたのに、現在は大型トラックで一度に運んでいて、それも、港でシスターたちがイチかバチか手当たり次第に「私たち、トラックが必要なんです！」と訴えたところ、あるトラックの持ち主がトラックとドライバーをタダで貸してくれるようになったのだそうです。

誰かれ構わず頼むシスター、本当に勇気がありますね。きっと、自分のことを顧みず、困った人たちを助けたい一心に体当たりで挑む彼女たちには、天使たちが後押ししているのだと思います。

掛け合いで言ってみよう“God is good”“all the time”

“God is good, all the time!”フィリピン人がよく口にする言葉です。誰かがGod is good（神さまは良いお方）と言うと、自然に別の誰かがall the time（いつも）と続け、そしてall the time

ともう一度繰り返して God is good と掛け合いで言ったりします。その掛け合いはまた歌にもなっています。

日常のどんな小さな出来事の中にも、そこに神さまの働きを見て取るのがフィリピン流。たとえばつい最近、私の身近にもこんなことがありました。

オフィスでは、簡単なお昼のおかずの調理やお湯を沸かすのに古い電気コンロを使うのですが、故障して温度調整が効かなくなり、低温だけしか使えない状態になりました。そんな時、知り合いの日本人が引っ越し先では要らないからと電気コンロをくださることになり、それが届いたまさにその日にオフィスのコンロが完全に壊れて使えなくなったのです。まるでその日を知っていたかのように替わりが届くなんて、神さまの粋《いき》な計らいでしょう？　こういう時に“God is good, ~ all the time!”と掛け合いで言うのです。

また、昨日、オフィスから帰宅しようと、車にエンジンをかけてエアコンをオンにしたとたんに変な音がしました。また故障かしらと思いつつも私は車を走らせましたが、自宅のそばのガソリンスタンドに差し掛かったところで動かなくなったのです。調べてもらうと、コンプレッサーという

エアコンで重要な部分を取り換えなくてはならないと言われました。

それにしてもオフィスから自宅までの22キロの間には有料道路もあるのに、車が動かなくなったのは自宅と目と鼻の先、しかもガソリンスタンドの前！　助かりました。またしても、“God is good, ～ all the time!”


こんなこともありました。そろそろ新学年度が始まる頃、私は母から預かった奨学金を誰にあげようかと適切な学生を探していたのですが、そんな時、友人が聖書の勉強会に来ているミシーのことを話しました。「ミシーは大学1年生の途中で授業料の未納金が８０００ペソ（当時のレートで約２万円）になり、続けられなくなって以来休学中で、２年間もパートの仕事をしているそうよ……」。８０００ペソといえば、ミシーの両親にとって大金です。

その話を聞いて帰宅した私は、母から預かった奨学金をミシーにあげようと思いつき、翌日さっそく彼女に手渡しました。するとミシーはびっくりして固まってしまいました。というのも、夕べ彼女は「復学したいので８０００ペソください」と神さまに祈っていたのです。ミシー曰く、“God is good, ～ all the time!”

聖書には３６５回も「恐れるな！」と書かれているそうです。「恐れるな！」は命令形みたいですが、実は“God is good ,all the time!”だから「毎日心配せずに生きなさい」ということなのですね。

第3章

日本の若者たちの フィリピン体験

日本の子は心が冷めているし、お金を使う遊びしかしないんです。
だからお金がない時は、今お金ないから・・・
と言って誘われても断るんです。
こちらではちょっとしたことでも楽しんで、
心の底から笑って、いいですね。

マザー・テレサの家で教えられた

高校生たちのボランティア活動

毎年8月、広島学院高等学校の1年生の男子生徒さん15名を、マニラ市トンド地区にあるマザー・テレサの「死を待つ人々の家」へ案内します。今年も高校生の皆さんはお年寄りの食事の介助や皿洗いを手伝い、病室を回って話しかけたり、歌や楽器演奏をしたりして大忙し。

ある生徒が担当したお婆さんは寝たきりでした。寝たままで食べたら気管に入ってしまわないかと心配した彼は、お婆さんの口に恐るおそるスプーンを運びましたが、お婆さんはそんな彼にイライラして、タガログ語で「もう食べない！」と言って怒ってしまいました。

様子を見てやって来たシスターがお婆さんに「どうしたの？」と聞いて食事を与えると、お婆さんは食べ始めます。「お兄さんにやってもらってもいいでしょう？」とシスターが言うと、お婆さんはしぶしぶでしたが同意し、生徒がシスターの積極的なやり方を見習ってスプーンを口に運ぶと、口を開けるようになりました。

やがて、根気よく丁寧に最後のご飯粒ひとつまでスプーンで運んでくれたその生徒に、お婆さんは「サンキュー」とお礼を言いました。嬉しそうな彼を見て、私は彼の誠意が伝わってよかったなと思いました。

広島学院の高校生たちを見ていつも感じることは、彼らには目の前の人を喜ばせたい気持ちがいっぱいだということです。広島学院の校風の良さが伝わってきます。聖書のこんな言葉が思い浮かびました。

「あなたがたの光を人々の前に輝かせなさい。人々があなたがたの善い行ないを見て、あなたがたの天の父をあがめるようになるためである。」（マタイによる福音5章16節）

手伝いを終え、一人の生徒が日本人修道女のシスター・ドロテアに質問しました。

「シスターはどうしてこの道を選んだのですか？」

するとシスターはにっこりして答えました。

「私は高2の時にマザー・テレサの本を読んで、ああ、この方は聖書の御言葉《みことば》を生きているんだなと感じ、その時、シスターになることを決めたのです」

また、別の生徒が、「一所懸命介護しても死んでいく人を見て、このお仕事に無力さを感じませんか？」と聞くと、シスターは、「私たちの目的は、まるで犬や猫のように道端で見捨てられた人たちに、せめて死ぬ時くらいは人間らしく死を迎えさせてあげるということなのです。人間らしくって何でしょうね。……　それは人として愛され大切にされるということでしょう？」と答えました。

確かに医療や社会福祉という観点からは無力かもしれませんが、死にゆく人たちの心に、「愛され大切にされた」という喜びを運ぶシスターたちの働きは、神さまが一人ひとりを大事に思っておられることを具体的に表わしているのだと思います。そして、生徒たちもシスターの言ったことに共感したようです。

一同は、シスターへの激励と感謝を込めて頭を深く下げて一礼し、施設を後にしました。

本当の幸せはどういう時に感じるの？

マニラでボランティアをしたいという日本からのグループに頼まれると、私はたいていトンド地区にあるマザー・テレサの「死を待つ人々の家」にお連れしています。

ここへ来ると日本人のシスターに会うのが私の楽しみでもあります。ある時、その日はちょうどお祝いがあって、日本人のシスターが二人いました。そして、ボランティアの後でこんな話を聞かせてくれました。その一人、「イエス様に押し掛け女房してまぁす！」というシスター・チサはとても気さくで、まるでお笑いタレントのようです。そのシスターの打ち明け話です。

「私、初めてマニラに来た時、スラムで子供たちの底抜けに明るい笑顔を見て、こんな笑顔は、日本で見たことがないと思いました。

ある日、日本の子供たちが見向きもしないようなお菓子に子供たちが群らがっていました。その時、一人の女の子が『私、家で待っている弟にあげたいから食べないで我慢する』と言ったのです。

私は涙が止まりませんでした。5人きょうだいの生存競争の中で育った私は、妹に取られないように机の引き出しの奥にお菓子を隠していたのに、こんなに小さい子が『愛』を知っているなんて、私にはショックだったからです」

続いてシスター・ドロテアが話してくれました。

「私の母はキリスト教徒で、父は無神論者でした。私はどっちが本当のことを言っているのかしらと、子供の頃から疑問に思っていました。

うちは子供が7人もいて貧乏だから何も買ってもらえないんだと、私の心にはいつも惨《みじ》めな気持ちがありました。

ところが小学2年生の時、いとこのお姉さんが、私が良いことをした時に喜んで褒めてくれました。その時、心の中がとても幸せになったのです。

物を買ってもらうと、その時は嬉しくてもすぐにまた次のものが欲しくなって惨めな気持ちになるのと違って、その幸せ感は長続きしました。その時、私は子供なりに、本当の幸せは目に見えないものの中にあることが分かりました。そして、聖書を読むうちに、イエス様について行きたいと思うようになったのです。

そんなある時、マザー・テレサの本を見つけて読んで、ああ、この人はまさに聖書に生きている、仲間になりたいと思い、看護師の資格を取ってからシスターになりました。

日本の病院で働いていた時、私は患者さんの臨終に何度も立ち合いましたが、彼らにとって死はすべての終わりであり絶望でしかないように見受けられました。

でも、ここの患者さんを見ていると、何も持っていない人こそ自然に魂を神さまに返すことができるんだなと感じます。

先日、33歳の男性が末期の結核で運ばれてきました。死が間近に迫っている彼に、何か食べたいものがあるかと聞くと、「残飯が食べたい」と答えました。きっと、彼は道端で人が捨てた残飯を食べて生活していたのでしょうね。

そこで、ミルクとパンをあげて、『神父様にお祈りをしてもらいましょうか』と尋ねると、彼はうなずきました。

そして、お祈りが終わって『イエス様によろしくね』と言うと、彼は笑顔を浮かべ、安らかに死んでいきました。天国へ帰るという、こんな希望に満ちた死を私は日本で見たことがありませんでした。

ここは病院ではありません。私たちは家で家族を看病するようにお世話しているだけです。それでも患者さんたちは満足してくれるのです」

高度な医療設備はなくても、シスターたちから家族として大切にされている患者さんたちは幸せだな、と私は思いました。そして、シスター・ドロテアが言った「本当の幸せは目に見えないものの中にある」という言葉に同感しました。そういえば、サン・テグジュペリの「星の王子様」にもこの言葉がありましたね。

効果いっぱいのスタディー・ツアー

現代っ子たちは現地の生活体験から何を学んだか

サラマッポ会では、日本の若者たちにフィリピンを体験してもらおうと、スタディー・ツアーを毎年８月に主催しています。

毎回ツアーの前半にはフィリピンの地方へ行くのですが、これまでに、サンボアンガ、パラワン、ネグロス、ミンドロへ行きました。

ちなみに、フィリピンのスカラーたちへのサラマッポ会の奨学支援はフィリピン全国の地域に及んでいますが、それぞれの地域の担当責任者たちがスタディー・ツアーの企画にも大いに協力してくれているのです。このつながりも、33年間続いたサラマッポ会の活動によって育まれた実だなと感謝しています。

地方での体験を終えてマニラに戻ると、後半には毎回、サラマッポ会のブラカン州サパンパライ地区の担当責任者であるケリーさんの教育センターへ行って、スカラーたちとの親交を深めています。

日本の現代っ子たちがフィリピンで何を感じたか？　その出会いと体験をかいつまんで紹介しましょう。

広大なサトウキビ畑の中の学校

ネグロス島シライ空港から車で北東へ約1時間走り、その回のスタディー・ツアーの宿泊先である修道院に着きました。修道院はサトウキビ畑の真っただなかにあります。同じ敷地内には貧しい青少年のための職業訓練校が併設されています。当時121名の訓練生の他に、経済的理由で学校へ行けなかった大人65名が、小学校とハイスクールの卒業検定試験のためにここで勉強していました。

日本からの参加者たちは、職業訓練校の全生徒と、体育館で交流の機会を持ちました。まずは一緒にミサに与《あずか》り、そのあとで参加者たちがステージへ移動すると、フィリピンの学生たちが興味津々な様子で椅子を抱え、ステージに近寄ってきて、質疑応答の始まりです。

フィリピンの生徒たちにきょうだいの数を聞いてみると、だいたい7、8人で、最高は12人でした。中には11歳からサトウキビ畑で働き始め、小学校を出ていないという成人男性もいます。

フィリピンの学生たちに将来の夢を尋ねると、「良い仕事に就いて家族を助けたい」と誰もが異口同音にきっぱり答えるので、日本からの参加者たちは驚いて言いました。

「日本では子供は働きません。また、親やきょうだいのために働くという若者はほとんどいないし、その必要もないのです」

フィリピンの生徒の一人がこんな質問をしました。

サトウキビ畑に囲まれた道を園児たちと

「あなたはどんな時に神さまの愛を感じますか？」

日本では日頃このような質問を受けることはほとんどないと思いますが、案の定、参加者たちはかなり戸惑った様子でこう答えました。

「日本では、何か問題あった時に神頼みをする程度で、ふだんの生活で神さまのことを考えることはありません」

一方、フィリピンの学生たちは「ミサに与る時に神さまのことを身近に感じる」とか、「毎日神さまの愛に感謝している」とか、「神さまは私たち一人ひとりに尊い計画をもっておられると信じている」と答えるのです。いかに彼らが常日頃から神さまのことを考えているかがうかがえました。

その翌日、サトウキビ畑の中の幼稚園へ行きました。訪問客が来たのは初めてだそうで、子供たちの中には見知らぬ外国人を見てギャーギャー泣き出す子もいます。

参加者たちはなんとか子供たちを喜ばせたくて、風船や折り紙やシャボン玉でいっしょに遊んだり、くじ引きで全員に景品をあげて喜ばせたり、おやつにジャンボ・ホットドックを炭火で焙《あぶ》ってご馳走したりと、大奮闘しました。すると、お別れの時になる頃、幼稚園の子供たちはすっかり打ち解けた様子で、「明日も来てね！」と名残《なご》り惜しそうでした。

幼稚園を後にして、参加者たちはサトウキビ畑に囲まれた道を園児たちと一緒に延々と歩き、幼稚園の先生の家へ行ってお昼をいただきました。園児たちとは途中のあぜ道でお別れです。それぞれの家に帰っていく子供たちが、サトウキビ畑の中に遠く小さく消えていきます。サトウキビ畑はため息が出るほど広大！　それは歩いてみて初めて実感できます。こんなところに手紙を配る郵便屋さんは大変だなと思いました。

自給自足の学習センター

フィリピンの西端、パラワン島のユーセビア・パロミノ学習センターに着くと、子供たちの歓迎の踊りが始まりました。そこはパラワン島に住むサラマッポ会のスカラーたちの拠点です。

突然「ティタ・マコ！」（マコおばちゃん）と呼ぶ声がしたので誰かと思って声の方を見たら、3年前のスタディー・ツアーでここへきた時、食事の度にいつも同じテーブルだった少年、キコで

学習センターでは、自分たちの食事は自分たちで用意する

はありませんか！　当時はセンターに入ったばかりで、しかも8歳という最年少の子供だったキコが、今ではダンスマスターと呼ばれ、自信満々に皆をリードして踊っていました。

修道会が運営するこの学習センターは無料で、小学校は卒業したものの貧困のため正規のハイスクールへ行けない子供たちを対象としています。

ここで勉強してハイスクール卒業検定試験に合格すれば、マニラやセブなどにあって同じ修道会のシスターたちが運営する専門学校に進学できる可能性があるので、子供たちはやる気満々です。

家が遠くて通えない50名の子供たちが、この学習センターに住んでいます。

毎日の生活は早朝の畑作業や豚の飼育から始まりますが、収穫した野菜の中で出来の悪いものはセンターの子供たちの食料として使い、良いものは売って生徒たちのお小遣いに配分されるそうです。

また、子供たちはかまどで薪を使ってご飯を炊くことをはじめ、調理、配膳から清掃まで自主的に行い、自分の衣服の洗濯もします。

日本ではあって当たり前の炊飯器、掃除機、洗濯機、テレビもありませんが、空き時間にはみんなで外に出て大好きなバレーボールをしたり、ダンスや歌の練習をして楽しそう…… 無駄な時間はないみたいです。

同じ時間で日本の同世代の子供たちは何をしているでしょうか。さしずめテレビや携帯、ゲーム、フェイスブック、ショッピングかな？ 日本の若者との時間の使い方の違いを感じました。

初めての田舎暮らし

パラワンでの3日目、学習センターの子供たちと一緒に海水浴へ行きました。朝起きて台所へ下りると、センターの子供たちはすでに全員のためのお弁当作りの最終段階に入っていて、薪で炊いたご飯をバナナの葉でおかずと一緒に包んでいました。バナナの葉は裏庭で採ったもので、四角く切ってかまどで乾燥させていましたが、とてもいい香りがします。

学習センターから約40分歩いて船着場に着くと、海軍に無料で貸してもらった船が待っていました。見ると、タイガーという名前のセンターの犬が乗っています。タイガーは海が大好き、いつも海水浴から帰る時間になるとまだ泳ぎ足りないのか船に乗るのを嫌がってダダをこねるのだそうで、シスターはタイガーを見ると迷惑そうな顔をしました。

ちなみにタイガーはセンターの活動にはいつも参加します。驚いたことにこの犬はミサの時に歌うのです。アレルヤ唱が始まると決まって甲高い声でうなり、司祭の説教中、たとえ人々が居眠りしていても最前列で「お座り」の姿勢でじっと聞いているのです。そしてミサが終わると鐘の音とともに聖堂の中を吠えながら走り回り、まるで神さまを賛美しているかのような振る舞いです。

ビーチに着くと、さすがはパラワン、海水は透明で、海面から熱帯魚がたくさん見えます。参加者は子供たちと泳いだり、運動会さながらのリレー競技を楽しんだりしながら、日が暮れそうになるまで海辺で過ごしました。


翌日、子供たちと別れて空港へ向かう車中で、撮った写真を眺めながらおしゃべりする参加者たちの話を、私は聞くともなしに聞いていました。

「マイケルの顔のそばに私の顔を置いたのは間違っていたわ、ほら、大きさが全然違うよ」

マイケルは愛嬌のよい少年です。やがて、マイケルだけではなく、センターの子供たちがいかに小柄であるかという話題になりました。

「それにしてもセンターは太る環境じゃないね。お肉はたまにちょこっとしか出ないし、おかずは野菜がメインだしね。小顔になりたいとかいう次元じゃないよ。太ももとか気にしたらバチがあたるなあ……」

また、こんなことも。

「私、『英語でこれ言えない』ってことがたくさんあった。単語を知らないと何も言えないということがよく分かったわ」

そして、「フィリピンの子がTシャツ着て泳ぐ理由が分かった」と、強烈な太陽の下での〝日焼けの痛み〟を身にしみて感じた参加者もいました。

フィリピンの田舎、パラワンの子供たちの生活空間に3泊4日でお邪魔させてもらい、参加者たちはいろんな面から自分たちとの違いを実感して、当たり前だと思っていた自分の日常を見直したようです。

参加者の中に、日本の児童養護施設で働いている職員がいましたが、日本ではなるべく一般の家庭と同じ暮らしをさせてあげたいというポリシーから、児童養護施設の子供たちには家事をさせないのだそうです。なるほど、日本の一般の家庭の子供たちは勉強優先なのか、家でお手伝いをしないのですね。でも、となると、生活力を身につけないまま成人して社会へ送り出されるわけで、かえって可哀そうではないかしら？

センターの子供たちは、決して特別なことをしているわけではありません。家で家事をこなし、その傍《かたわ》ら弟や妹の面倒を見ることは、こちらではごく当たり前のことです。

私は、センターの子供たちが手間をかけることを厭《いと》わず、毎日を丁寧に生きているのを見て、むしろ便利な生活にどっぷり浸かり、電気がないとお手上げ状態な生活をしている日本の子供たちのひ弱さを感じました。

バンジージャンプのような恐怖

パラワンに滞在中、参加者たちは一日観光で洞窟探検へ行きました。まず洞窟内を歩いて山の頂上へ登り、そこから麓に向かって張られたロープにぶら下がって滑り降りるというコースです。ところが、下りは別料金だと聞いて躊躇《ちゅうちょ》していると、「まず洞窟探検をしてみて、それからロープで滑り降りるかどうかを決めてはどうか」と言われました。

洞窟の入り口でヘルメットと軍手が配られ、洞窟を案内してくれる3人の女性のうちのリーダーがお祈りを始めました。

「おお、天地万物を創造された神よ、どうか私たちが全員無事に戻ることができるようにお守りください！　アーメン」

なんだかかえって不安になってきましたが、もう後へは引けません。

洞窟内には、かがんだりお腹をへっ込ませなくては通れない場所もあります。最もスリルがあるのは、上からぶら下がっているロープをたぐってロッククライミングみたいに登る崖です。私は参加者の勇敢なショットを逃がさないよう、下からカメラを構えて夢中で写真を撮りました。

若者たちを見ながら、『結構スムーズに登れるものだなあ』と感心しているうちに、私の番になりました。そこで、カメラを落とさないように急いで手首に巻きつけて登り始めましたが、あともう少しというところで、上で待ち構えていた案内人が、私に安全ベルトが付いていないことに気が付き、下にいる仲間に叫びました。私より前に登った皆は、下で腰と太ももに付けてもらった安全ベルトを崖の上の案内人に引きよせてもらっていたのでスイスイ登れたのです。どうやら最後の番だった私には、登る前に案内人が取り付け忘れたみたいでした。私は上で控えている案内人の手を必死につかんで登り切りましたが、危ないところでした。

「マコさん、安全ベルトなしでやったんですか？　さすがですね！」と参加者の一人が感心していました。私は「まあね……」と余裕ありげに応えながら、内心では冷や汗をかきつつ、『やはり登る前の案内人の祈りはありがたかったわ』と、神さまのご加護を感謝した次第でした。

やっと頂上へ着きました。その時点で「ロープで滑り降りるかどうか」と聞かれても、あの洞窟内をもう一度自分の足だけで戻る気には到底なれません。それに今度は自分たちでやりなさいと見放されたら大変です。結局あちらの思うツボでしたが、有料のロープを使って降りることにしました。

私は降りて来る皆の写真を撮ろうとトップで挑戦しましたが、「これは降りると言うよりまさに『落ちる』だ！」と、ぶら下がったとたんに後悔しました。途中で田圃の泥沼につっ込むんじゃないか？　最後のフィニッシュは壁に激突するんじゃないか？　と怖かったので、約20秒で無事着地できてホッとしました。

一方、若い参加者たちは絶叫マシーンのように声を限りに叫びながら、むしろ怖さを楽しんでいるようでした。

学校帰りに寄る教育センター

毎年スタディー・ツアーの後半には、サラマッポ会のブラカン州サパンパライ地区担当責任者、ケリーさんの教育センターへ、マニラから車で約2時間かけて行きます。

教育センターの名前は“Center for Excellence”。貧しい子供たちの家庭には勉強するための机どころか食卓さえない家も珍しくないため、このセンターを利用するスカラー約４５０名は、学校帰りに各々自由にここに立ち寄って、宿題や自己学習、読書、パソコンを使ってのリサーチをしているのです。また、週末には人格形成に役立つセミナーや活動もあります。

敷地面積７５０坪の緑あふれる環境にある教育センターにはホタルがいます。ちなみに、男子たちの部屋の中にもホタルがいて、はしゃいでいた参加者たちでしたが、蚊を退治するために蚊取り線香を焚《た》いてからはホタルもいなくなり、がっかりしたそうです。蚊もホタルも同じ虫なのに都合の悪いものだけを排除しようなんて、考えてみると人間って勝手ですよね。

センターのあちらこちらの壁には、さりげなく素敵な言葉が書かれていて、言葉の力を感じさせ

教育センターに宿泊。壁の絵はスカラーが描いたもの

ます。そのうちのいくつかを写してきました。

「神さまは尊い目的をもって私たち一人ひとりを創ってくださいました。だから、多くを学び、たえずあなたの夢に向かいなさい」

「どんなに偉大なことも、熱意なしには達成できません」

「知識だけでは十分ではありません、応用することが大切です。

意志だけでは十分ではありません、実行することが大切です」

「英語、それは世界へはばたくあなたの鍵です」

「人生、それはとてもエキサイティングなもの。

そして、他者のために生きる時、もっとエキサイティングなものになるのです」
「自分自身を与えることによって、私たちは本当に生きることができるのです」
「あなたは、以前のあなたよりも進歩しているのです」
「私の将来は、私自身にかかっている」

こんな風に、何気なく貼ってある言葉に励まされながら、スカラーたちは将来の夢をはっきり見据え、努力し、成長するのだなと思いました。

スカラーと一緒に外出

サパンパライでの一日目の夜が明けました。今日の予定は、サラマッポ会のスカラーたちとの外出です。日本からの参加者5名は一人ずつ、２名のスカラーとで3人ひと組みになり、自由にサパンパライを散策します。さすがに同世代とあってどのチームもすぐに打ち解け、子供のようにはしゃいで出発しました。

スカラーたちはケリーさんから「サパンパライでの庶民の生活を見せてあげなさい」と言われて

いたので、トライシクル（サイドカー付きバイク）やジープニーなど、庶民の足を使っていろいろな所へ案内したようです。夕方、笑顔で帰ってきたツアー参加者たちが興奮気味に報告してくれたことを、簡単に箇条書きしてみます。

「市場へ行って日本では見たことのない珍しい果物を食べた」

「初対面なのに自宅に案内してもらえ、家族に紹介されて驚いた。そこの台所で料理を一緒に作らせてくれたのも嬉しかった。あけっぴろげな感じがいいなと思った」

「ゲームセンターで一緒にゲームをした」

「わからない英語は辞書で一緒に調べたり、ゆっくりと簡単な単語で話してくれたので、話が通じて嬉しかった」

「トライシクルのバイクの後ろに二人乗りして気持ち良かった」

「病院、大学、小学校、教会など、いろんな所に案内されたが、フィリピンの若者たちは地域のことに詳しいと感心した」

「友情の印にと、ネックレスを買ってもらって嬉しかった」

「お墓へ行って、人生について語り合った」

一方、フィリピンのスカラーたちはこんなことを言っていました。

「英語で話して通じない時は、紙に文章を書いたら分かってくれた。日本人は聞くのは苦手だけど英語を読むことはできるのだと思った」

「どこへ連れて行っても喜んでもらえたので嬉しかった。行く場所が問題なのではなく、大切なのは喜んでくれる人が一緒にいることだと思った」

「初めて外国の人を案内するので緊張したけど、すばらしい体験になった。言葉が通じなくても、たとえばトイレへ行きたいとかジェスチャーで理解できた（笑）ので、問題なかった」

「最初は何を話したらいいかわからなかったけど、市場などへ行って普通の会話から始めると楽しく話せた」

サパンパライでの2日目、参加者たちはスカラーたちと親しくなり、センターに帰ってからもおしゃべりや卓球をして、夜遅くまでにぎやかでした。

自分を見つめなおすきっかけをくれた

ケリーさんの教育センターでは、週末にスカラーたちのためのセミナーが行われます。その日はハイスクール生が集まっていました。講師は受講するスカラーたちより少しだけ年上、大学生のスカラーです。テーマは「いかにして自信を創り上げるか」でした。

内容を要約しましょう。

「自信は外からではなく自分の中から生まれるもの。人の目や評価を気にして失敗を恐れないこと。失敗は決して恥ずかしいことではないし、そこから学ぶことによって人生の新しいドアが開かれる。ネガティブな友にはエネルギーを吸い取られてしまうから避けよう。他人と比べたりうらやましがったりするのはやめて、自分自身の才能を見つけて伸ばそう。自分をけなさず褒めよう。幸せは自分の心の中から生まれるもので、すべてはハッピーエンドになる。そうでないうちは、まだ終わっていないのだ」――

セミナーが終わって、日本からの参加者たちからこんな感想が聞かれました。

「フィリピンの若者たちは、学校の勉強のことや家族のこと、そして自分の人生について真剣に考えていてすごいと思う。サパンパライは貧しい所だけど、人々はポジティブな生き方を工夫していて、向上心やエネルギーの強さを感じる。僕も良いことに目を向けて、前進しようと思った。そして、良いことは神さまからやって来ることを知った」

「日本とは価値観や人生観、そして勉強への熱心さが違う。自分はツアーに来るのも両親がお金を出して準備してくれたが、ある意味では恵まれていると思った。

最初は自分の生活のリズムが崩れるので参加したくなかったが、やっぱり来てよかった。自分を変えようと思うきっかけができたから」

「同じ年（15歳）のフィリピンの子が将来のことを真剣に考えていて凄《すご》いと思った。水のシャワーはけっこう辛かったので、そういう点で日本は快適で豊かだと思った。でも、高校生になると家族との会話が少なくなる日本と比べて、フィリピンの家族は仲がいいし、互いに大切にし合っていて、ここには別の豊かさがあると思う」

「フィリピン人は人とのつながりを大切にしていると思う。町で行き交う人たちも笑顔で挨拶してくれ、ご飯がとても美味しかった。フィリピンにまた来たいし、これからもつながりを大切にしたいと思う。それと、参加者がユニークだったので、今まで笑いで腹筋が痛くなることはあったが、今回のように横隔膜まで痛くなるほど笑い転げたのは初めてだった」

「これまでいろいろ海外へ行ったけど、これほど発展していない国は初めて。サパンパライの中を散策した時、女の子が『腰が痛いけどレントゲンは高い（300ペソ＝約700円）ので検査していない』と言うのを聞いて、そんなにもお金がないものなのかとカルチャー・ショックだった。

でも、出会った人たちはニコニコしていて大らかだし、他人のことをまず先に考えて思いやりがある。日本は物がたくさんあるのに物欲が尽きない。例えばフェイスブックではこんなものを買ったとか、どこへ行ったとかばかり……　今回、自分の何かが変わったような気がする」

快適な日本の生活圏を飛び出してフィリピンに来た参加者たち。いろんな面での日本との違いを感じて、それぞれ自分自身を見つめ直すきっかけになったようです。

日本じゃできない！　ゲーム感覚の運動会

サパンパライでの3日目は日曜日で、ケソン市のサラマッポ会のスカラーたちが「仲間に入れて」とやって来ました。今日はお天気にも恵まれ、運動会です！

まずは日本人参加者の指導によるラジオ体操から。日本人なら誰でも知っているラジオ体操は、海外では練習なしに子供からお年寄りまで誰でも自信をもってできるパフォーマンスになります。

ラジオ体操が終わると、6つに分かれたスカラーたちのチームにそれぞれ日本人が一人ずつ入って競技をしました。

最初の競技は日本の都市を紹介するというものでした。都市は、東京、大阪、京都、広島、青森、札幌の6つで、それぞれ自分のチームにあてられた都市の特色をポスター制作や身体で表現して得点を競うのです。それにしても、いろんなゲームを編み出すフィリピン人の発想の豊かさにはいつも感心します。

次は障害物競走。立って入れる程度の大きさのサック（米袋）に入り、顔だけ出してピョンピョンとジャンプしながら進み、椅子の周りを一回りして、水の入ったタライの中に沈んでいるランプータンという果物を口で別のタライに移した後、ジャンプしながらステージへ移動します。ステージにはゼリー菓子が埋まっている小麦粉の入った容器が置いてあり、小麦粉を息で吹き飛ばしてゼ

スカラーたちに引っ張られ、いつもは尻込みしてできないこともやれました

リー菓子を食べ、ジャンプしながらスタートラインへ戻って、次の人へバトンタッチという内容です。かなりハードですが、さすがは若者たち、喜々としてこなしていました。

競技の合間には、スカラーたちによるダンスのパフォーマンスがありました。フィリピン人のリズム感と腰の動きは生まれつきだなぁと感心していると、日本からの参加者たちも負けじとピンク・レディーの「ペッパー警部」を披露しました。

スカラーたちのパフォーマンスは夕食時も続き、さらに食事が終わると全員一人ずつ前に出て今回の感想を述べ合いました。

ケリーさんは、そのむかし故郷アイルランドへ帰った時、あるお婆さんから「私は学生時代に心残りがあります。それは先生が私に一度もステージで発表させてくれなかったこと。ステージに立つクラスメイトがとても羨《うらや》ましかったわ」と聞いて以来、彼のセンターに来るスカラーたち全員に、どんなことでも日頃からステージで発表する経験を積ませています。それは、彼らの自信にもつながっていて、堂々と発表するスカラーたちに日本の若者たちは大いに感化されたようです。

やがてサパンパライのスカラーたちとのお別れの朝になりました。参加者たちはそれぞれに心のこもった手作りのカードをもらって驚き、思わず涙をこぼしました。昨夜スカラーたちは参加者たちと夜通し、いえ朝方まで一緒にはしゃいでいたというのに、そのあと部屋に戻って手作りカードを作ったようです。フィリピン人の若者はタフですね。

日本の若者たちのリアクション

スタディー・ツアーの最後に、参加者たちはそれぞれの感想を分かち合いました。

引っ込み思案のMちゃん

本当は参加したくなかったけど、お祖母ちゃんから、「お金出してあげるから行って来たら」と勧められて参加したというMちゃんの感想。

「見ず知らずの人たちと一緒に外国に行くのは自分には無理だと思っていたけど、来て良かったと思います。私は引っ込み思案なので、日本ではみんなの陰にいればやらなくて済むけど、フィリピンのスカラーたちはそんな私をグイグイ引っ張ってくれるので、やらざるを得ない状況になってしまい、いつもはできないと決めて尻込みしていたことも、いっぱいやれました。恥ずかしかったけど、認めてもらえたようで嬉しかったです」

フィリピンは今回が6度目という高校生のFちゃん

「今までの家族との旅行では体験できなかったことがいっぱいありました。日本とパラワン島との生活レベルの差は大きいですが、みんな笑っていて苦労がないみたいで、いいなと思いました。

日本では人前で発表することがほとんどないけど、ここだと私がするどんなことでも喜んでくれるので自信がもてました。

私は日本で孤独を感じ、家で独り言を言っていることもあります。でも、パラワンもサパンパライも、いつも子供たちやスカラーたちが私の傍にいて、孤独を感じることはありませんでした」

「心の底から笑えた」という男子大学生Y君

「サパンパライの町を案内してくれたスカラーのいとこの家が掘っ建て小屋のように粗末で驚きました。それなのに笑顔で僕たちを楽しませてくれ、こんな言葉は言わされ感があるから言いたくないけど、『心が豊かだ！』と思いました。

彼らが心の底からよく笑うので、自分も心の底から笑えました。

それと、日本では他人と違うのは恥ずかしいことだけど、フィリピンではそれを『スペシャル』

として認め、大切にするんだなと思いました」

スチュワーデス志望の明るく活発な女子大学生Nちゃん

「日本では大勢の人の前で仲間と一緒に歌ったり踊ったりすることはほとんどないけど、フィリピンでは普通のことなんですね。うらやましい感じがしました。人前で話すのも堂々と自信をもってやっているので、すごいなあと思いました」

「ガールスカウトで先輩が順番にフィリピンに行っている。自分もその年代になったから来た」と言うCちゃん

「日本の子は心が冷めているし、お金を使う遊びしかしないんです。だからお金がない時は、今お金ないから、と言って誘われても断わるんです。こちらではちょっとしたことでも楽しんで、心の底から笑って……　いいですね。競技ではチームワークの楽しさも実感しました。それと、フィリピンの子は、きょうだいのため、家族のためと、心と目的がしっかりしていて、幸せとは経済的なものだけではないなと思いました」

将来広告関係の仕事をしたいという大学生のK君

「今回行ったパラワンとサパンパライでは年齢層も環境も全然違いますが、どちらも明るくて希望を持っているのは同じです。

フィリピンと日本の大学生たちは持っている物があべこべだと思います。日本の大学生はお金も時間もあるけどフィリピンの大学生にはそれがない。でも、日本の大学生が持っていないもので彼らが持っているものがあります。それは『勉強がしたい』という情熱です」

参加者たちからは「自分の考え方が変わった」という感想が異口同音に聞かれました。

いくら素敵なご馳走を食べてみても、どんなに数多くの名所に行ったとしても、自分自身の内面に影響しなければあまり意味がないことだと思います。そういう意味で、参加者たちがフィリピンの若者たちから、目には見えないけど大切なことを学んでくれていることを嬉しく思いました。

第4章

実り

あなたに出会えてありがとう

サラマッポ会は活動を終えますが、
それが僕たち卒業生にとって何を意味するかを理解しています。
自分のできる限り、
他者へのサラマッポ会となれるよう努力します。

元スカラーたちからの便り

12人きょうだい、下から2番目の人生観——ハイメの場合

私たちのオフィス（ＰＥＰオフィス）は、２００３年から日本のＰＨＰ友の会の活動の一つである「ＰＨＰ―プゴ奨学支援運動」の窓口になっています。12年も前のことですが、スポンサーのお一人が、自分が支援しているハイスクール3年生（14歳）のハイメの人生観を知りたいと言われました。そこでハイメはスポンサーのリクエストに応えて作文を書きましたが、そのコピーがオフィスに残っています。

「僕は１９９１年、プゴの貧しい家庭に生まれました。12人きょうだいの下から2番目の僕は、いつも兄さんや姉さんのわずかな残り物で育ち、時には食べる物が全くないこともあります。

お父さんが食べ物を持って帰ってきた日はみんなで平等に分けます。飛びあがって喜ぶ僕たちを眺めるお父さんとお母さんの目はとても嬉しそうです。

僕の洋服はすべて兄からのお下がりです。両親はいつも僕たちに、『今ある物で満足しなさい。しかし、将来の生活が向上するために絶えず努力しなさい』と言います。

お母さんはよく教会で神さまに祈っています。そうです。両親は、貧しいながらも、僕たちに愛情と礼儀、そして神さまへの尊敬と感謝の心を教えてくれました。

　僕の人生に大きな影響を与えたのは、ＰＨＰのスカラーに選ばれたことです。その時、僕は、お母さんの祈りに応えてくださった神さまに心からありがとうと言いました。

　そんな体験が、僕にやる気を起こさせました。僕は絶対ハイスクールを卒業したら大学に進学します。将来よい仕事について家族を貧しい生活から救います。僕の夢は、両親ときょうだい、家族みんなの幸せな姿を見ることなのです。

　そして、いつか僕を支援してくださるスポンサーのように、助けを必要とする人に、手を差し伸べる人間になりたいと思います。２００６年5月　ハイメ」


　私は、この作文を書いたハイメ君が現在どうしているか知りたいと思い、追跡調査をしてみました。すると、学校側の担当者も変わっていて調査は難航したのですが、最後にようやくフェイスブックで本人が見つかり、彼は大学を卒業してから現在まで豪華客船のバーテンダーとして働いていることが分かりました。彼は毎月両親に仕送りをし、ハイスクールへ行けなかったきょうだいたちは彼のおかげで復学でき、大学へも進学したというのです。ハイメは自分がハイスクール生の時に作文に書いたことを実行していたのです。

　また、ハイメだけではなく、卒業して社会人になった他の元スカラーたちからも異口同音に、親を助け、きょうだい、姪《めい》、甥《おい》、そして従兄妹の学費まで支援していると聞いています。このように、日本のスポンサーの善意は、支援を受けた元スカラーたちによって引き継がれ、多くの実を結んでいるのです。

パンツをはき忘れたみたい？――セシルの場合

サラマッポ会の33年間の活動の中で、ハイスクールから大学へと支援を受けて社会へ巣立ったスカラーたちは３０００名を超えました。彼らから届いた手紙を読むと、直接スポンサーには返済していなくても、各々の置かれた場で他者の助けとなることによって恩送りをしていることがうかがえます。

ミンダナオ島サンボアンガに住むセシルからの手紙です。

「私は１９８７年にサラマッポ会のスカラーになりましたが、その翌年から私のスポンサー、小寺さんは、たびたびサンボアンガに来られました。私のハイスクール卒業時、大学卒業時、看護師になった時、結婚した時、そして初めての子供を出産した時も、いつも会いに来てくださり、子供だった頃から母親になるまでの私の成長をずっと見守ってくださったのです。

小寺さんがお別れの時にはいつもこう言われたのを思い出します。『さよなら、今度会える時まで、神さまがあなたを守ってくださいますように！』。これは小寺さんのお好きな言葉です。しかし、２００９年８月31日の『さよなら』は、最後の『さよなら』となりました。でも天国で再会できると信じています。

小寺さんとの出会いから25年後、サラマッ・ディン・ポ会という小さな奨学支援運動を始めました。これは、私たちスカラーのスポンサー方への『愛』によって生まれたものです。私たちは、スポンサーの皆さんがフィリピンの若者たちに与えてくださった『愛』に感動し、皆さんのようになりたいのです。

日本のスポンサーの中には、自分のお小遣いを割いてフィリピンの生徒に奨学金を送っている高校生もいるという話を聞きました。高校生にできるのなら私たちにもできます。ですから、まだ少ないですが、私たちもお金を出し合って、今年から10人のハイスクール生たちの支援を始めました。

私たちは今、医師、看護師、会計士、教師、エンジニア、弁護士、ジャーナリストなど、さまざまな分野で働いていますが、皆さんが私たちの夢へのドアを開いてくださったように、私たちも誰かの夢へのドアを開いてあげたいのです。皆さんは私たちがいただいた希望の光。私たちも誰かの希望の光になりたいのです。……」

実は、小寺さんは、セシルが卒業してから一時、サラマッポ会を休会されたことがありました。ところがしばらくしてまた会員に復帰されました。その時こう言われたのです。「サラマッポ会をやめていると、なんだかパンツをはき忘れたみたいなんだ」(笑)。

マザーテレサの言葉に、"We are created for greater things, to love or to be loved."（私たちは、何よりも偉大なことのため、つまり愛し愛されるために創られたのです）とあります。小寺さんがパンツをはき忘れた時のように何か大切なものが足りないと思われたのは、「誰かを幸せにするお手伝い」を一時お休みされたからではないでしょうか……。

いつか、他の人たちの夢を助けなさい――マルーの場合

マルーはハイスクール2年生だった１９８４年からサラマッポ会のスカラーになり、１９９１年に大学のマスコミ科を卒業した後、現在に至るまでラジオ・アナウンサーとして活躍し、数々の賞を受けています。サラマッポ会最後のイベントとなった、東京でのスポンサーたちの集会に参加した彼女は、スピーチでこのように語りました。

「１９８２年、私が小学6年生のころ、父親は子供５人と母を残して何者かに殺されました。やがて経済的困難のために私は学校を止めなくてはならない瀬戸際に立たされました。そんな時、シスター・ポーリンが私にくださった良い知らせは、サラマッポ会のスカラーになれたことでした。

私のスポンサーの清水さんは、ハイスクールだけでなく、大学に入ってからも支援し続けてくださいました。私はいつも清水さんに手紙を書き、卒業してからもEメールで身の回りの出来事を知らせ、清水さんも自分の仕事のことやご家族のこと、そして日本での生活のことなどをいろいろ教

えてくださいました。

ところが、私が就職して数年後に、突然返事が来なくなりました。そしてしばらくして、清水さんが帰天されたことを知ったのです。ラジオの仕事に就いた時から、お金を貯めていつか清水さんに会いに日本へ行こうと楽しみにしていたのに、それが実現する前に逝《い》ってしまわれたのです。

私は、今の自分に到達するまでの道のりを振り返る時、いつも清水さんのことを思い出します。すばらしい方でした。私の祈り以外には何のお返しも求めず、いつだったか、『妻と一緒にクリスチャンになりたい、祈ってほしい！』と言われたことを覚えています。

清水さんは、私に、『いつか、他の人たちの夢を助けなさい』と言われました。その言葉どおり、私は現在、腎臓の病気で父親を失った姪の学費を払っています。またワールド・ビジョンという奨学支援運動で２人のスカラーを援助し、ストリート・チルドレンを支援する団体にも寄付をしています。

サラマッポ会が終わってしまうと聞いてとても寂しく思います。サラマッポ会の精神を引き継ぐために私に何かできることがあれば、何でもしたいと思っています。……」

神さまのコネは最強――メルシーの場合

メルシーの父親は彼女がハイスクール生の時に事故で職を失い、掃除婦として働く母親の収入ではとてもメルシーの就学継続は無理でした。そんな時、彼女はサラマッポ会のスカラーに推薦され、大学卒業までこぎつけることができたのです。メルシーの語ってくれたことに耳を傾けましょう。

「大学卒業後、私は豪華客船のクルーズのキャビン・アテンダントとして6年間働いた後、その経験を生かして会社を設立しました。この会社は豪華客船で働くために必要な、料理人、バーテンダー、ベッドメイキングなどの資格を取るためのコースや訓練を提供し、さらに就職先も斡旋しています。

会社を設立した当初は従業員を雇う予算がなかったため、受付、技術指導のインストラクター、宣伝、渉外、事務会計など、すべての仕事をひとりでこなしていましたが、今では多くの従業員を雇い、これまでに何千人もの求職者に仕事を提供できるようになりました。また、マニラの路上でサンパギータの花のレイを売っている10人の小学生たちの教育費を支援したことから始まり、ハイスクール生や大学生たちの学費の支援、さらには刑務所から出所した人たちへの仕事先の斡旋もしています。

私がサラマッポ会のスポンサーとスタッフから学んだことは、『何の見返りも求めずに他者を助ける』という精神です。

会社を設立して間もなく、政府機関のＴＥＳＤＡ（技術教育技能開発局）へ、会社を認定してもらうための申請に行った時のことでした。ＴＥＳＤＡには知人もコネもない私には神さまだけが頼りでした。

最初に話したＴＥＳＤＡの職員は、資格ごとに約40万円相当のペソを払わなくてはならないと言いました。

ところが、近くにいた女性が、私の話に興味を持ったらしく耳を傾けてくれたので、私は『自分の経験を通してより多くの人たちを助けたい』という熱い思いを語りました。すると、驚いたことに、その女性は私の会社をＴＥＳＤＡの認定研修センターとして認める書類に、その場で、しかも無料でサインしてくれました。なんとその女性はＴＥＳＤＡの局長だったのです。

今でもその時のことを思い出すたびに、神さまだけが頼りだった私にとって、実は『神さまのコネは最強』だったのだと感じています。」

これからは私たち卒業生の出番です――アリスの場合

サラマッポ会最後の定例集会で発表する卒業生たちの近況を調査していた時、日本に20年以上住んでいるという元スカラーのアリスからこんなメールが届きました。彼は日本人女性と結婚し、３児の父親です。

「ご無沙汰しています。アリスです。僕のこと、まだ覚えていますか？　フィリピンを離れてから来月で丸23年になります。サラマッポ会が来年33年間の幕を閉じるというメールをマニラ・オフィスからもらい、寂しく思いつつも、これからは僕たち卒業生の出番だと気づかされました。

僕がここまで成し遂げられたのは、日本のお父さんとお母さん、スポンサーの皆様のおかげです。

それは一生忘れることのできないことであり、自分の家族、友達、同僚、部下への自慢です。最後の定例集会には是非出席したいと思います。」

１９８４年、マニラ市トンドの公立小学校の生徒だったアリスは、校長先生から推薦されてスカラーになりました。小学生の時にスポンサーからもらったローマ字英和・和英辞典をきっかけに日本語を勉強するようになった彼は、大学４年生になる時に日本の文部省の試験を受けて合格し、国立木更津工業高等専門学校で電子制御工学を、そして国立豊橋技術科学大学で電気電子工学を学びました。そして、さらに修士課程を終えた後、旭化成エレクトロニクス株式会社に就職し、主幹技師として４人の日本人部下をもっているのです。

アリスはＮＨＫのテレビ番組「クローズアップ現代」からの取材を受けました。そのタイトルは「アジアの頭脳、確保せよ」。彼は携帯電話などに使う集積回路（ＬＳＩ）の設計開発を担当していたのです。また、ハイスクールの時の同級生と一緒にＮＰＯを立ち上げ、故郷のマニラ市トンドで社会貢献活動もしています。

そんなわけで、私もサラマッポ会の東京スタッフもアリスの定例集会出席を楽しみにしていたのですが、集会の数日前、バスケット・ボールの練習中にケガをしてしまい、残念ながら出席できなくなりました。そこで、やむなく、彼が前もって送ってくれていた自己紹介のスライドを使って私が紹介しました。スライドの中には、「大好きな厳しい母親」というタイトルで、スポンサー斎藤さんとのツーショットがありましたが、彼は「厳しい」という字にあえて「やさしい」とフリガナを付けていました。またコメントには、「食事中にありとあらゆるテーマについて語り合った」とあり、長い日本での生活の中で、スポンサーだった斎藤さんは彼にとって母親のような存在だったのだなとうかがい知ることができました。

スライドの最後は、彼の気持ちが凝縮されたようなメッセージで締めくくられています。

「ここまで来られたことは皆さまとの出会いのおかげです。これからは私たち卒業生の出番です。微力な貢献しかできませんが、皆さまをモデルに頑張っていきたいと思います！　アリスより」

僕も他者へのサラマッポ会になりたい――クリスチャンの場合

アメリカで理学療法士として働いているクリスチャンは、サラマッポ会とスポンサーに敬意を表わしたいと、最後の定例集会に参加するため、母親をはじめ家族友人、なんと計10人でアメリカから東京に駆けつけてくれました。定例集会で彼が語ったスピーチです。

「僕がサラマッポ会のマニラ・オフィスを初めて訪ねてから20年が経ちました。当時の僕は若く、貧困の苦しみと無力感、そして将来への不安を抱えていました。スラムに住んでいた僕は、生きていくための苦労を小さい時から見て育ったのです。そして、『貧困から抜け出すための切符は教育しかない』と思っていました。

しかし、教育にはお金がつきものです。特にフィリピンのような第三国では、貧しい生徒にとって教育費は想像できないほど高価なものです。そんな中で、サラマッポ会は暗闇に輝くローソクの光のように希望を与えるものでした。

僕はスカラーになれたおかげで、理学療法士の学位を得ることができ、現在カリフォルニアで3つの保健組織を運営しています。その一つはボランティアのNPOで、南カリフォルニアの貧しい人々に作業療法や言語療法を無料で提供するものです。

振り返ってみると、僕が人生という旅路の中で試練に打ち勝てたのは、サラマッポ会が20年前に僕に教育のチャンスを与えてくれたおかげだと思います。僕は自分がどこからやってきたのか、そして今の僕になるために誰が助けてくれたのかを決して忘れません。サラマッポ会は活動を終えますが、それが僕たち卒業生にとって何を意味するかを理解しています。自分のできる限り、他者へのサラマッポ会となれるよう努力します。


僕のスポンサー、上田さんは看護師でした。1994年にツアーでマニラに来られた時のことを僕は今でもはっきりと覚えています。僕たちスカラーと一緒に市内を巡っていた時、彼女は照りつける太陽のもと、僕たちがお腹を空かせていないか、喉が渇いていないかと、絶えず気にかけてくださいました。僕は小さい頃からいつも教会で『神の恵み』について教えられてきました。しかし、その本当の意味は、僕のスポンサーに出会って初めて理解できたのです。残念なことに彼女はすでに天国に旅立たれましたが、もう一度お会いしてお礼を言えたらどんなによかったでしょう。

僕と僕の家族は、上田さんとサラマッポ会に敬意と感謝を表わしたい、ただそれだけのために、アメリカからここへやって来ました。皆さん、本当にありがとうございました。神の豊かな祝福を祈ります。」

医師への道はあきらめても──レイモンドの場合

１９７１年、母子家庭に生まれたレイモンドの小さい頃からの夢は、医師になることでした。ハイスクールを首席で卒業した彼は、フィリピンで最高レベルであるフィリピン大学の医学部に進みましたが、大学４年生になった時、現実は彼に大きな決断を迫りました。当時レイモンドが書いた手紙がマニラ・オフィスのファイルに残っています。

「サラマッポ会の皆さんへ

小さい頃から僕の夢は医者になることでした。それは、他者の命を救うことが神への感謝を表わす最高の道だと信じていたからです。しかし、貧しい僕の家庭にはそれを実現する手段はありませんでした。

悩んでいた僕に、神はサラマッポ会と山田さんというスポンサーをくださいました。その時、僕は自分の信仰がなんと小さかったかと気づきました。そうです。僕たちには、いつだって決して見捨てない全能の神という父がいるのです。

スカラーになれて6年経った今、僕は医学部の4年生になり、少し大人になったものの、子供の時と同じ夢をもっています。しかし、教育費は急激に値上がりし、物価も上昇し、我が家の生活は苦しくなる一方です。

さらに、母の定年退職は間近に迫っており、その後は僕が一家を養っていかなくてはならないのに、母の退職から僕の医学部卒業までには4年間もあります。

この現実は深刻です。母の退職金は卒業までの4年間の食費にさえ満たず、とても十分とは言えないのですから。

母が支援している姪や甥の教育はどうなるでしょう？　僕が医者になるまで彼らが休学しなくてはならないなんて、僕には耐えられません。

僕はいつも導きと力をくださる神に祈り、良く考えた末、医学の道を断念し、来年卒業できる経営学部に編入することにしました。

僕は今、新たな人生の道を歩み始めましたが、いつの日か他者の助けになりたいという気持ちはこれからもずっと変わりません。そして、もし神がお望みなら、僕の稼ぎによって、僕と同じ夢を持つ子供たちを医学部に行かせる支援をします。彼らに僕の夢を託します。ですから結局失ったものは何もないのです。

僕がサラマッポ会からいただいた恵みは何も失われることなく、僕は将来きっと皆さんに『多くの実り』をお見せすることができるでしょう。１９９１年11月13日　レイモンドより」

それから時は流れ、２０１２年にサラマッポ会主催のスタディー・ツアーで7名の日本の若者たちを連れてミンダナオ島のサンボアンガへ行った時、全員でレイモンドから夕食の招待を受けました。彼はシンガポール在住なのでその席にはいませんでしたが、彼の母親が私たちを迎えてくれたのです。

食事が終わると母親は、レイモンドが誰にも公表することなく、なんと、彼の出身地サンボアンガの貧しい子供たち１３５人への教育支援と、１００人の農業従事者たちへの援助をしていることを話し、私たちを驚かせました。レイモンドは、まさに大学生の時のあの手紙に書いたとおり、『多くの実り』を見せてくれたのです。

スポンサーと日本で再会できました——ロシェルの場合

１９９５年に大学を卒業し、国立ミンダナオ大学で働いているサラマッポ会元スカラーのロシェルから、「来月、日本に行くことになりましたが、目崎ご夫妻に会えますか？」とメールがありました。目崎夫妻とは、ロシェルの大学教育を支援されたスポンサーです。

ロシェルのように、支援を受けて大学を卒業した元スカラーが見違えるように立派になり、恩人であるスポンサーに会いたいと、日本へ行く夢を叶えるケースが最近ちょくちょくあります。

とは言え、スポンサー側にはさまざまな事情もあって、かえってご迷惑になる場合もあります。特に目崎氏はお体が不自由です。私は少々ためらいながら東京スタッフを通じて連絡しました。ところが、そんな心配を吹き消すように、目崎夫妻は「ロシェルにぜひ会いたい」との返事をくださったのです。

この旅を終えてマニラに戻ったロシェルは、よほど嬉しかったらしく、すぐに旅の報告をメールしてくれました。

「日本という美しい国を見ることはずっと私の夢でしたが、今回ついに私は、勤務先の大学の職員18名と共に日本を旅する機会に恵まれました。

近代的な中にも、文化の現存と規律正しさを感じさせる日本人とその生活、初めて経験した雪、美味《おい》しい日本の味の数々、ハイテクのトイレなどなど…… ちなみに、大阪の観光案内をしてくれたボランティアの二人の日本女性、82歳のなおみさんと61歳のララさんは、歩くのがとても早く、若い私たちの方がのろいので恥ずかしかったです。

でも、それらの体験をはるかに超えて、今回の旅を思い出深いものにしてくれたことがありました。それは20数年振りに、私が大学生の時に教育支援してくださった恩人である目崎ご夫妻と再会できたことでした。なんと、大阪で私に会う、それだけのために、地方鉄道―上越新幹線―東海道

20数年ぶりに恩人との再会を果たしたスカラーのロシェルさん（中央）

新幹線と乗り継いで、お二人は7時間もかけて旅をされたのです。その上、私に会うと『再会できる機会を与えてくださってありがとう！』と繰り返しおっしゃっいました。私の方こそ、不自由なお体の目崎さんに長旅をさせてしまい申し訳ないし、感謝すべきですのに。

私は目崎ご夫妻の謙遜さと優しさにとても心を打たれました。そして、美しく大きな心をお持ちのお二人への私の尊敬は空の高さにまで届くほどでした。

今の私があるのはこのお二人のおかげ、私の感謝は永遠に続くでしょう。どのようにしたらお返しができるのか、そしてご夫妻が持ちの美しい徳や優しさを超えることができるのか分かりませんが、私はただ、今回再会できた喜びに圧倒されています。

そして、神さまがその大いなる愛の道具として目崎ご夫妻をお使いくださったことに感謝しています。」

20数年前に受けた恩を忘れないロシェル、そして今も変わらない目崎夫妻の真心、この両国の美しい人々のつながりはサラマッポ会の実であり宝物だと思い、私も目がウルウルするほど深く感動しました。

第5章

橋渡し

フィリピン流「幸せに生きるコツ」

振り返ってみると、
サラマッポ会のツアーでの苦い体験を通して、
神様はどんなハプニングよりもはるかに大きいこと、
そんな神様と一緒なら何が起こっても大丈夫、
いつも道を開いていただけることを学んだと思います。

ウグナヤン、それはつながり

パワー充電のマニラ・ツアー

毎年11月になると、国際教育里親運動の1つ、「ウグナヤンの会」のスポンサーたちのマニラ・ツアーがあります。

今回もまた、空港に着いて真っ先に西本神父のお墓参りをし、この旅への祝福を祈りました。ツアーが終わって振り返ると、神さまはあの時の祈りを聞いて、本当にすべての行事を祝福してくださったとわかります。私はこの頃、特に、なにかコトを始める際、まず神さまに委ねるとほんとにうまくいくなぁと実感しています。

スポンサーたちは、日頃支援しているスカラーたち全員に会って交流会を楽しみたいと、はるばる日本からたくさんのプレゼントを携えて来られます。まるで一足早いサンタクロースのようです。そして、スカラーたちは感謝をこめて精いっぱいの踊りや歌でもてなしたり、一緒にゲームを楽しんだりします。

喜びいっぱいのスカラーたちの笑顔を見て、日本人スポンサーたちは、「これでまた1年分のパワーを充電してもらった」と嬉しそう。そういう意味で、互いが互いの助けとなっているようです。

笑顔で交流する「ウグナヤンの会」のスポンサーとスカラーたち

日本人に向けて、「助けているつもりが、ほら、自分が助けられているんだよ」と言った西本神父の言葉が思い出されました。

この会は２００２年に始まり、毎年ツアーに参加するおなじみのメンバーも、11名のうち10名が70歳以上になりました。

老人力の一つに、『高齢になると否定的なことには反応が少なくなり、むしろ前向きで明るく楽しいことに目を向けるようになる』という能力があります。楽観的になると脳へのダメージも減るのだそうですが、今回の参加者たちの生き生きした様子を見ると、まさにそれが実証されていると思います。

スポンサーの高齢化を危惧する声に、参加者のお一人が言われました。

「自分たちも若い頃には気がつかなかったよ。老いてこそ初めて見えてくる大切なものにね……」

奨学支援運動を通してフィリピンのスカラーたちと日本のスポンサーたちとの心のつながりができ、やがて互いが他人でなくなります。

それを大切にしたいという思いが、タガログ語で「つながり」を意味するこの会の名称「ウグナヤン」には込められているのです。

先日、友人から「なぜ、神さまは人間をお創りになったと思う?」と質問され、私があれこれ考えていると、友人は、「それは単に愛するためよ」と言いました。なるほど、神さまは愛するために人を創られた…… そして、今回のツアーの参加者がマニラに来た理由も、ちょっとキザですが、フィリピンの子供たちを愛するためなのですね。

『まず生きること。生きるとは愛すること、己に死ぬことなのです』―― これは西本神父が一番好きだった言葉です。

チリも積もれば海外支援

私が幼い頃から家族で所属してきた山口県宇部のカトリック教会に、1982年から続いている「せみの会」というボランティア活動があります。信者たちがそれぞれの家庭からリサイクル可能な廃品を持ち寄り、それを定期的に仕分けして廃品回収業者に売り、その収益で海外支援をするのです。

仕分けはけっこう手間のかかる作業です。たとえば缶はスチール缶とアルミ缶に分類して、嵩張《かさば》らないようペッチャンコにつぶし、古紙、新聞、雑誌、ダンボール、厚紙は別々にくくります。そして、仕分けが終わったら、軽トラックで何度も往復して受け入れ業者さんへと運ぶのです。

当初は私も含めた若手ボランティアが主体でやっていましたが、今では80歳代の私の父を含む数名の高齢者が細々と続けていますす。ふつう世代交代って若者たちへ受け継がれるものですが、ここでは逆です。でも大丈夫、最近ではこの活動に理解を示した廃品回収業者さんが、大型トラックで教会へ回収しに来てくれるようになったのです。

この小さなボランティア活動はフィリピンで数々の良い実を結んでいます。たとえば、マニラの子供たちへの奨学支援をはじめ、ホームレスの家庭のために、日中は商売に利用できて夜はベッド代わりになる手押し車5台や、母親たちが雑巾やドア・マットを交替で作れるよう共用のミシン数台、小さな商売を興すための資本金、そして「ゴミ収集で生計を立てている家庭」の子供たちが通うデイケア・センターで教材作りに使う、パソコンと個人レッスンのためのタブレット、さらに聖書を合計３００冊も寄贈できました。

「チリも積もれば海外支援」……ですね！

高山右近――マニラで大歓迎された流刑のキリシタン―その１

フィリピンは日本のすぐ南の隣国ですから、きっと有史以前から行き来があったことでしょう。マゼランが１５２１年にセブ島を発見した時も、日本の商船を2艘見かけたと記録にあるそうです。

フィリピンの歴史書には、和寇《わこう》と呼ばれる日本の海賊たちがフィリピン近海を荒らしていたことや、1591年に日本全国制定を果たした豊臣秀吉が、アジア帝国建設を夢見てマニラへ服従を促す書簡を送ったことが記されています。

当時のフィリピンはスペインの植民地で、マニラを治めていたダスマリニャス総督は秀吉の高圧的な態度に激怒しました。しかし、まだマニラの防衛が十分でなかったため、使節団と貢物《みつぎもの》を送って時間稼ぎをし、和寇や日本人商人たちを効率的に監視するため、一ヵ所に集めて住まわせました。そこはスペインの植民地時代のマニラだったイントラムロス（城壁の街）から大砲の弾が届く距離であり、現在のマニラ市役所あたりです。今でも当時の大砲が残っています。

ところが、1614年12月21日にマニラに着いた300名以上の日本人たちは、すでにマニラに在住していた日本人とはまったく違いました。彼らは当時の日本のキリスト教禁教令によって徳川家康から国を追放されたキリシタンでした。その中には、高槻城主で摂津、薩摩の領主でもあった高山右近や、八木城主の内藤如安という高貴な戦国武将とその一族もいました。彼らは信仰を守ったために、お家断絶、お城明け渡しを言い渡され、長崎でガレオン船（帆船）に乗せられてマニラへ流刑されたのです。

暴風雨と逆風に晒《さら》され、約40日もかかってようやくマニラに上陸したキリシタンたちは、きっとみすぼらしい姿だったことでしょう。

ところが、一行を待っていたのは、狂喜するマニラの人々の大歓迎と最大級のもてなしでした。一緒にマニラに上陸したイエズス会士のコリン神父が、当時イエズス会に宛てた記録（Labor Evangelica,BOOK IV 18章）を紐《ひもと》いてみましょう。

——「大評判になっていた高山右近をひと目見ようと大勢がやってきた。船が近づくと、神への信仰を命がけで守り抜いた英雄たちを迎えるため、サンチャゴ要塞の大砲は礼砲を打ち上げ、港にいた軍艦もそれにならった。右近一行がイントラムロスの城門を通過する時も兵士たちは礼砲を打ち上げ、マニラ大聖堂の近くを通りかかるとまわりの教会の鐘がいっせいに鳴り渡った。そして、当時のシルバ総督は一行を総督官邸に招き、右近らの英雄的な信仰をたたえて最高の歓待をした」——

マニラの植民化と同時にキリスト教を布教した当時のスペインとしては、地位名声の高い戦国武将や多くの日本人キリシタンが信仰のために命を懸《か》けたことを知って、高く評価したのです。

一方、人々の熱烈な敬意は右近にとっては本意ではなく、むしろ「追放者である自分は慎ましく信仰を続け、生涯を神に捧げたいと思っていた」とあります。

日本での拷問や過酷な船旅の結果、高熱に冒《おか》された右近は翌年２月４日に帰天しますが、家族への最後の言葉はこのようなものでした。

「見知らぬ国に来て、もっと辛い苦しみが待っていると覚悟していたろう。ところが見てのとおり、我々は生まれ故郷にいるより多くの愛情と慈悲に溢れる人たちに恵まれたではないか。これらすべて、神の御心がなす業であり、そして私の亡き後も、今にましてあなたたちをお守りくださるであろう」

右近の死は、マニラ在住の日本人だけでなく、スペイン人や多くの原住民を悲しませたようです。追悼の鐘の音がマニラ中に鳴り渡り、葬儀は国葬でした。

現地の日本人たちは、右近がこんなに敬愛されているのを見て誇らしかったことでしょう。私もマニラに住む日本人の一クリスチャンとして誇りに思います。そして、和寇や秀吉らの所業が生んだ日本人の悪名を拭い去った右近たちのように、フィリピンの人たちとの良い関係を築いていけたらいいなと思うのです。

内藤如安《ないとうじょあん》――マニラで大歓迎された流刑のキリシタン―その2

ある朝のこと。オフィスに着くと、同僚のオデットが、「内藤如安の子孫の方から電話があった」と言うのでびっくりしていると、しばらくしてご本人が私たちのオフィスへ来られました。内藤如安の足跡を訪ねて来比されたそうです。西本神父の本棚にずらりと並ぶキリシタンの歴史の書物から内藤如安に関する資料をお見せすると、「初めて見る資料もある」と興味深げでした。

内藤如安（1626年マニラで没）は京都・丹波の戦国武将で、1614年1月に発せられた徳川家康のキリスト教禁教令によって国外追放の刑を受け、同年11月に高山右近らと共に一族で長崎からマニラへ流されました。

高山右近はマニラ到着から40日後に帰天（神さまのもとに帰る）しましたが、如安は約12年間マニラのサン・ミゲール地区で暮らし、日比の交わりに貢献したといわれます。

如安が住んだ場所は現在のサン・マルセリーノ通りのあたりで、オフィスから徒歩でも10分足らずの距離。ひょっとすると、約４００年前に如安や日本人キリシタンたちがこのあたりを歩いていたかもしれないし、現地の人と結婚して子孫を残しているかもしれないと思うと、フィリピン人への親しみがより増してきます。

日本ではキリシタンとして苦しい拷問を受けていたのに、流刑先のマニラの人たちからは大歓迎され、誰はばかることなく信仰生活を続けることができたのですから、神さまのお計らいはユニークですね。徳川家康はきっと「しまった！」と思ったことでしょう。

イエズス会士のフロイス神父がイエズス会に宛てた記録（Prouinicia de la Compania de Jesus 24章）には、「内藤如安はマニラで宗教書を翻訳したり、漢方薬を作ったりして現地の人たちに親しまれ、追放された日本人のために役立った」「日本人キリシタンたちはとても謙虚な人々であった」と記されています。

マニラ大聖堂と日本の国連加盟

イントラムロスの中にあるマニラ大聖堂が、日本の国連加盟のきっかけになったという史実をご

日比両国の架け橋となったマニラ大聖堂

存知ですか？

太平洋戦争が終わって7年経った1952年、ようやくアメリカから主権を取り戻した日本政府は、「国の再建は国連加盟にあり」と考え、当時の神奈川県知事だった内山岩太郎氏を団長とする国民使節を、国連本部へ派遣しました。

ところが、国連での反日感情は大変強く、日本の加盟などとうてい望めない空気でした。特に、この悪感情は、当時東南アジアで唯一の国連加盟国であったフィリピンの首脳部から出たもので、それは戦争中の日本兵の非人道的行為が原因だったのです。

内山氏はなんとかフィリピン人の反日感情を和らげることができないかと考え、戦争で破壊された彼らの心のよりどころであるマニラ大聖堂を再建して、その上で戦争中の過失を率直に詫び、改めて親交を求めることを提案しました。しかし、当時の日本政府はこれを宗教活動と見なして承認しませんでした。

そこで内山氏は「東南アジア善隣運動」を興し、自らも街頭に立って全国で募金を呼びかけました。そして、４年後にセメント６万俵と建設費の一部を携えて横浜港を出帆したのです。

戦後の復興のため、セメントは当時日本でも必需品でした。フィリピン大統領ガルシア氏以下政府関係者は、そんな内山氏と日本国民の誠意を喜んで受け入れ、同じ年の12月に日本の国連加盟が承認されたのです。

ちなみに、マニラ大聖堂の落成式は１９５７年12月８日。それは太平洋戦争の開戦と同月日でした。

神さまのシナリオって面白い！

Ａ君の災難……　恩は送るもの

友人からの国際電話で、「知人の息子Ａ君がマニラの空港で盗難に遭った。パスポートも航空券も現金もなくして困っているので助けてほしい」との要請を受けました。

翌朝、Ａ君が空港警察官のルイスに付き添われてオフィスへ来ました。彼は21歳、大学を１年間休学し、セブでの語学留学を終えてマニラの空港からタイへ出発するはずでしたが、空港のベンチで眠気が差し、気がつくと荷物がなくなっていたそうです。この状況から、私はとにかく彼がまず日本へ帰れるよう、翌日の航空券を手配しました。

航空券購入後、A君はルイスと一緒に空港警察へ調書を受け取りに戻り、その調書を日本大使館に提出して仮パスポートを発行してもらいました。A君がオフィスに帰ってきたのは午後3時を過ぎていました。

私は2人を連れて入国管理局へと急ぎました。仮パスポートで出国するには、それにフィリピンへの入国スタンプを押してもらう必要があったからです。

しかし、そのためには公証人によるパスポート紛失の供述書を作り、それをもとに入国記録を確認してもらわなくてはなりませんでした。

そこで、公証人のところへ走り、供述書を作ってもらって入国記録を調べる窓口へ行ったのですが、なんとその時、A君と同姓同名の2人の日本人がブラック・リストに載っていることが判明したのです。そこで、今度はブラック・リストの2人とは同一人物ではないという証明書を発行してもらうため、再び公証人に供述書を作ってもらい窓口に戻ったのですが、「終業時間だから明日出直しなさい」と言われました。

翌日、朝一番に入国管理局に行くと、証明書の発給は午後2時だと言われました。A君のフライトは2時40分です。でも事情を説明して急《せ》かせたら、やっと入国スタンプがゲットできた次第です。

ところで、A君の入国記録を眺めてびっくり。彼が成田を発ったのは4月12日だったそうですが、フライトが遅れたためにセブ到着、つまり入国は翌日の午前0時30分と記録されています。日本人がビザなしで滞在できるのは30日間ですが、数えてみるとその日がギリギリセーフのタイムリミット。１日でも遅れたらビザの延長をしなくてはならないところだったのです。私とA君は、さすが神さま！　と感謝しました。

数日後、無事に日本へ帰ったA君から、こんな素敵なメールが来ました。

「先日は私のために時間を割いてご尽力いただき、ありがとうございました。山本さんと空港警察のルイスさんのおかげで無事帰国できたと、今、日本の地を踏んでひしひしと実感しています。状況的、客観的に言えば、21年という私の短い人生の中でのどん底を味わったはずなのですが、感情的には、今までで一番『人の温かさ』に触れた機会だったと思います。

近い将来、フィリピンに赴《おもむ》いて、自分のことを励まし支えてくれた皆さんに、健全な状態でまた会ってお礼を言いたいと思います。今回、失った物は確かに多かったのですが、それ以上に多くの『モノ』を与えてもらったと感謝しています。

以前、自転車で東日本一人旅をしていた時に、『恩は返すものではなくて送るもの』という言葉をくれた人のことをふと思い出しました。

今回のこの経験を忘れず、いただいたこのご恩を次に自分が誰かに送ることができるよう、気持ちも新たに、これから過ごしていこうと思います。」

ところで、驚きの後日談があります。

私は自己紹介程度のつもりでサラマッポ会の会報誌をA君に差し上げたのですが、帰国して彼がお祖父さんに連絡したら、なんと、お祖父さんは同会の会員でスポンサーの一人だと分かってびっくりしたそうです。

しかも、2011年に来比されていて、支援したスカラーでフィリピン大学の教授になったグローリアとの面会に私も立ち合っていたのです。

当時グローリアは大学の奨学生たちの係をしていて、「サラマッポ会の支援を受けた自分が今は奨学生たちのお世話ができて嬉しい」と言っていましたが、彼女もA君のお祖父さんからいただいた恩をしっかり誰かに送っていたのです。神さまのシナリオって面白いですね。

サラマッポ会のネットワーク

毎年8月になると、九州のある大学で助産師を目指す学生たちがフィリピンへ研修に来ます。ある年、こんなメールを引率のT先生から受け取りました。

「マコさん、母子保健のためのコミュニティー・レベルのクリニックや病院をご存知ではないでしょうか？　実は、例年見学させてもらっていたレイテ島でのプロジェクトが、昨年の大型台風による災害の影響を受け、『今年は訪問を受け入れるのが困難』という返事が入ったのです。また

（きっとこういうのを泣きっ面に蜂って言うのでしょうか?・）、これも毎年恒例で見学させていただき、学生たちがとても楽しみにしているカビテ州の修道院での妊婦検診も今年からなくなり、みんながっかりしています。

災害の後ということもありますが、学生たちには一生に一度しかないかもしれないフィリピンへの渡航なので、万全を尽くして最大限のことを体験させてやりたい、できるだけ勉強の機会を与えていただきたい、と思っております。……」

赤ちゃん用歩行器で子守りをするお姉さんたち

私は、「レイテ島？　母子保健？　妊婦検診？　それならお安い御用です。まさにレイテ島のフィリピン大学医学部パロ校の看護学部と助産学部に、サラマッポ会のスカラーたちがいます。聞いてみましょう」と返事をしました。

というわけで、レイテ島のスカラーたちが協力してくれることになったのです。

彼らは、まず安全な宿泊施設を確保し、病院やクリニック、助産施設などと連絡を取り、なるべく滞在中の正味2日間で日本の学生さんたちが妊婦検診や分娩に立ち会うことができるよう、万全の手配をしてくれました。

ちなみに、日本では、助産師の国家試験を受験する前に、一般的には最低10例の分娩を直接介助(自分が主体となって赤ちゃんを取り上げる) する必要があるそうです。ところが、そのために必須となる実習をさせてくれる病院の確保がとても難しいのだとか…… 病院側としても、特に最近は産科での医療訴訟が多いため、慎重にならざるをえないようです。

一方、数年前にT先生がフィリピンのある産婦人科の病院で、日本の学生さんたちを分娩室の片隅に居させてもらえないかと遠慮しつつ尋ねたところ、「"Sure!"（もちろん、いいですとも)」と即答してもらえ、驚くと同時にとてもありがたかったそうです。

フィリピンでの研修を無事終え、帰国したT先生から、こんなメールが来ました。

「この度は私どものために、お会いしたこともないサラマッポ会のスカラーの皆さんにいろいろ尽力いただき、心から感謝しています。フィリピンの方々の寛大さ、包容力、誰かが喜ぶならば、幸せになるならば労苦をいとわない、というご対応を、あらためてありがたくかみしめています。」

路線バス〝乗っ取り〟

サラマッポ会の大学新卒を祝うパーティーを、ブラカン州サパンパライのスカラーたちの教育センターで催した時のことです。このパーティーに参加するため、日本からの19名のスポンサーと在マニラの20数名の新卒スカラーたちが、マニラから貸し切りバスで約2時間の道のりを駆けつけました。

パーティーが終わってマニラへ帰ろうとバスに戻ると、運転手がバスの下にもぐって何やらチェックしていました。「なぜかバスが動かない、スターターの問題だろう」とのこと。エンジンはかかってエアコンも効いているのになぜスターターの問題なのかしらと、素人の私は頭をかしげましたが、運転手の表情が穏やかなので、きっとすぐに動き出すだろうと思い、しばらく様子を見ることにしました。

ところがなかなかバスは動きません。バス会社は「修理のために人を送った」とか、その後「マニラから別のバスを送る」とか言ってきましたが、その時点ですでにスポンサーや学生たちは1時間以上バスの中で缶詰状態だったのです。

途方に暮れた私の目の前を、路線バスが勢いよく通り過ぎました。

「そうだ、路線バスをマニラまで貸し切れないかしら!?」

私は通過するバスをとりあえず止め、乗客の多い便はあきらめ、比較的乗客の少ないバスの運転手と交渉しました。まず2000ペソでお願いと言うと運転手は8000ペソとふっかけてきました。さらに何回かやり取りをして、結局4000ペソ（当時のレートで約9000円）で折り合いがつき、〝路線バスの乗っ取り〟に成功したのです。

というわけで、エアコンなしで爆音をたてながら走る地元の路線バスに全員乗り換え、満員ながらもなんとか譲り合って、やっとサパンパライを発ち、無事にマニラに戻ることができました。

実は、待たされている間に、車の構造に詳しい参加者の鈴木さんが運転席をチェックしたところ、バキューム・ブレーキが利いていなかったそうで、その状態で急な下り坂の多い帰り道を走っていたら大変な事故を引き起こす可能性があったとか！　私は、「日本人乗客を乗せたバス、崖から転落！」という翌朝の新聞記事を思い浮かべてぞっとしました。きっと、「どうかバスが動きますように！」と祈っていた時、神さまは天使を遣わして、私たちを守るためにバスが動かないようにされていたにちがいありません。

神さまの favor（愛情のしるし）に感謝！

サラマッポ会、最後のツアー

33年間毎年続いたサラマッポ会のマニラ・ツアーがいよいよ最終回を迎えました。その回は、新卒業生のための「祝卒業パーティー」の他に、同窓会という大イベントを企画し、おまけに日本からのツアー参加者が50名の大所帯ということもあり、さまざまな準備がツアーの始まる当日まで、いやツアー中も続いたのです。私は「神さま、もうなんとかしてくださいよ！」と心の中で何度も叫びました。

でも、自分の力が足りない時こそ、委ねると神さまの力が大きく働くことをその時も実感。やっぱり神さまは頼りになります。

西本神父がよく日本のスポンサーたちへの思いをこう語っていました。

「フィリピンの学生を支援することでもう一人の自分がフィリピンにできる。願わくは、そのもう一人の自分の奥におられる神さまに気づいてほしいんだ」

このツアーの最後の夕食の時、「空《から》の手でいいんだよね」とか、「神さまがいるから任せればいい」などという会話が参加者たちから聞こえてきました。私は、『あぁよかった、皆さん気づいておられるんだなぁ』と、心の中で嬉しさをかみしめました。

サラマッポ会が始まって33年、この間に行われたツアーは計45回でした。その一つひとつに、さまざまな思い出がつまっていますが、信じられないようなハプニングもありました。

たとえばマニラ空港の管制塔ストライキのため、成田を出発したスポンサーたちがいったん成田へ戻り一日遅れでマニラに到着したり、ツアーの最中になんと私たちのオフィスが火事で焼けたり……　火事といえば、「祝卒業パーティー」の会場として予約したレストランが、まさにパーティー当日の早朝、火事で焼けたこともありました。

本当にいろいろありましたが、今振り返ってみると、サラマッポ会のツアーでの苦い体験を通して、「神さまはどんなハプニングよりもはるかに大きい」こと、「そんな神さまと一緒なら何が起こっても大丈夫、必ず道を開いていただける」ということを学んだと思います。

神さまのやりたいことに巻き込まれた人たち

33年間の歩みを振り返ってみると、サラマッポ会の始まりに神さまは、日本人とフィリピン人をご覧になって、こう思われたのではないでしょうか。

「日本人は親切だし善意にも溢《あふ》れているが、私がどんなに彼らを愛しているか、ちっとも気づいてくれない。一方、私を慕っているフィリピン人の中には貧しくて教育を受ける術《すべ》のない子供たちがたくさんいる。彼らをつないでお互いの助けとしよう」

そこで神さまは、「国際教育里親運動」という方法で日本人とフィリピン人を結ばれました。

プロデューサーが神さまですもの、うまくいかないはずがありません。神さまはそれぞれの必要に応じて人を置かれました。そして、33年という年月の中で、延べ2500名に及んだ日本全国に広がるスポンサーたちに対応するため、延べ50名の東京・高輪教会の主婦たちをスタッフに、国立大学教授の矢吹貞人先生を代表に任じられたのでした。

さらにフィリピン・サイドを統括するため、「日本人の心を神に近づけたい」という思いでマニラにＰＥＰオフィスを構えていた西本神父を、またその助っ人に秘書の久美子さんや私や当オフィス・スタッフのサージとオデットを用意されたのです。

加えて、フィリピン全国24地区に散らばる計４５４３名のスカラーたちをきめ細かく指導するために、それぞれの地域の延べ85名のシスターや神父たちを担当責任者として選ばれました。

こうして日本のスポンサーとフィリピンのスカラーがしっかりとつながり、３０００名以上のスカラーたちが希望する大学を卒業して社会人となり、それぞれの夢を叶え、フィリピン全国、さらに海外でも活躍しています。彼らはまさに「サラマッポ会の実」と言えるでしょう。


では、神さまの日本人への思いは叶《かな》っているでしょうか？　私は、「君たちの夢の手伝いをしよう」と申し出られた日本人スポンサーの皆さんが、フィリピンのスカラーたちとの出会いによって、またスカラーたちの祈りによって、きっと神さまの眼差しに気づいておられると思うのです。そして、日々の生活の中で、「あれ、神さま！　こんなに近くにいらっしゃったのですね！」と思われたことも多かったのではないでしょうか？　これもすばらしい「サラマッポ会の実」と言えるでしょう。

いつだったか、定例集会に参加してくださったレデンプトール修道会の瀬戸神父がこんなことを言われました。

「神さまはご自分でやってみたいと思うことをお始めになります。そして、神さまのやりたいことに巻き込まれた人は、いつの間にか笑顔になります」

きっと、サラマッポ会に関わった私たちは、神さまのやりたいことに巻き込まれたのです。だから誰もが皆、笑顔でいられるのです。私は、たとえサラマッポ会の活動は終わっても、これからもずっと神さまのやりたいことに巻き込まれ続けていたいな、と思っています。

砂の上の足跡

フィリピン人が大好きで、壁掛けや歌にもなっている「砂の上の足跡」という詩があります。原作者はマーガレット・F・パワーズというアメリカ人の女性です。

ある夜、私は夢を見た。神さまと一緒に砂浜を歩いている夢だった。

空には私の歩んできた人生が映し出され、
どの光景にも砂の上に二人の足跡が残されていた。

一つは私の足跡、もう一つは神さまの足跡だった。

ところが、時おり一つの足跡が消えているのに気がついた。

しかも、それは、私が人生のどん底で苦しんでいた時だった。

そこで私はつぶやいた。

『神さま、あなたはすべての道において私とともに歩いてくださると約束されたのに、私がつらかった時には足跡が一人分しか見当たりません。どうして、私があなたを一番必要としていた時、あなたは私を置き去りにしたのですか？』

すると、神さまは答えられた。

『大切な我が子よ。とても愛しているよ。どうしておまえが苦しんでいる時に置き去りにできようか？　その一つの足跡は、おまえを背負って歩いていた私の足跡だったのだよ』と。


本書をお読みくださったあなたの人生で、一番つらかったのはいつだったでしょうか？

大切な人や家族を亡くされたり、病気をして苦しい思いをされた方もいるでしょう。失敗して恥ずかしかったり、いじめを受けたり、反対に、誰かの心を傷つけてしまって後悔したり。あるいは一人ぼっちで寂しかったこともあったかもしれません。

そんな時、自分のすべてを分かってくれ、苦しみを一緒に背負ってくれる誰かがいたら、それも、ものすごく頼りになる誰かがいたら、どんなに心強いでしょう！


「神さまは決して見捨てないと言われているのになぜ心配する必要があるの？」と言いきるフィリピン人。彼らの生き方の根っこには、私たち一人ひとりの人生の重荷を一緒に背負いたいと、いや代わりに背負ってあげたいとさえ思う親心いっぱいの神さまへの信頼があります。それは安心してゆだねて生きる本物の信頼だと思います。どんな逆境にあっても明るくて強いフィリピン人には、そんな幸せに生きるコツが自然と備わっているようです。

あとがき

マニラでの私の身近な出来事を通して、日本の皆さんにフィリピンを知っていただけたらと思い、サラマッポ会の会報誌に手書きイラスト入りの「マコちゃん日記」を掲載し始めたのは１９９２年のことでした。その後、２０１１年12月からはホームページにも連載するようになりました。

サラマッポ会が33年間の活動の幕を閉じた２０１５年春、東京スタッフから、「マコちゃん日記」を本にして出版してはどうかという声が上がり、そんなことできるのかしら？　と思った時、この聖書のみことばが心に留まりました。それは私にとってあたかも神さまからの励ましのようでした。

「あなたの業《わざ》を主（神）にゆだねれば、計らうことは固く立つ」（箴言16章3節）

実は、この「神さまにゆだねる」とはまさにフィリピン流の生き方で、それは、どんなに大変な状況に置かれても、なぜか明るく笑顔になれる彼らの秘訣のようです。

いつだったか、大型台風が襲って冠水したマニラの様子を日本のニュースで見た友人から、「それにしても、テレビの映像で見ると、水に浸かっている人たちの表情が、なんとものんびりとして悲壮感が見当たらないところは、さすがフィリピンね……」とメールをもらいました。言われてみれば、地元紙に載っている洪水の写真を見ても、人々の顔には絶望感がありません。そしてそれはネガティブな「あきらめ」ではありません。

私の分析では、彼らは、問題の大きさを考えて悩むのではなくて、むしろどんな問題とも比較にならないほど大きい神さまのことを考えて、安心しているのです。それはまさに、究極のポジティブ思考だと思います。

それから数日後、さらに5倍も大きい台風がまたマニラ首都圏を襲うとの予報が出て、スーパーでは人々がパニック状態でまとめ買いをしました。ところが、今度は大した風も雨も起こりませんでした。私は、『フィリピンの天気予報がまた外れた』(失礼) と思ったのですが、フィリピン人は異口同音に、「神さまは私たちの祈りを聞き入れてくださった。やっぱり神さまにおできにならないことはないのだ!」と言うのです。彼らは真剣に祈っていたんですね。なるほど、また一本やられたなと思いました。

本書の中には、マニラでの33年間の生活で私がいつの間にか学習して身に着けている〝フィリピン流の生き方〟がたくさん現われていることに気がつきました。それは『幸せに生きるためのコツ』のようなもの、皆様にもおすそ分けできたら嬉しいです。

この本の原稿となったブログを読んでおられたサラマッポ会のスポンサーの皆さん、出版を引き

受けてくださったフリープレスの方々、
表紙に心を込めて素敵なデザインを、そして私のカチカチの文章にクスッとなれるイラストを添えてくれたチャンミイ、
サラマッポ会のスタッフの皆さん、特に最初からずっと本書の構成を一緒に考えてくださった長冨由紀子さん、心を一つにして親身になって支えてくださった矢吹貞人先生、太田雅子さん、本田由紀子さん、榎並瑛子さん、小糸順子さん、荒井淑子さん、相良映子さん、長澤徳子さん、本堂喜美さん、吉池和子さん、若林美恵子さん、
いつも温かく応援してくださる山根克則神父様、聖マリア学院大学学院長の井手信様及び理事長・学長の井手三郎様、ウグナヤンの会の皆さん、ＰＨＰ友の会の皆さん、庄内キリスト教会の皆さん、毎年ブログに書かせていただく広島学院の生徒さんたちと司書の石川みどりさん、故郷のカトリック宇部教会の皆さん、マニラで出会った皆さん、
私の自慢の父と母と家族、
天国の西本至神父様、
この本を手に取ってくださった読者の皆さん、
そしてもちろん、私が行き詰まって「神さま、どうしましょう?」とつぶやいた時、いつも助けてくださった神さま、心からありがとう（サラマッポ）!
Special thanks ❤ to all !

【著者の横顔】**山本雅子**（やまもと まさこ）
1961年、山口県生まれ。
1981年から1984年まで、山口県宇部市 西宇部小百合幼稚園教諭として勤務。
1984年から現在に至るまで、マニラ市にある西本至神父事務所（PEPオフィス）のスタッフ。2010年に西本師帰天後も、一クリスチャンとして、西本師の意思を継ぎ、日比の草の根的な架け橋となって、さまざまな活動に携わっている。

フィリピン流 幸せに生きるコツ　定価（本体価格1,200円＋税）

初版発行　2019年11月15日
著　者　山本雅子
編集人　諸田遼平
発行人　山内継祐
発行所　株式会社フリープレス
東京都文京区関口1-20-7
☎03-3266-1121　Fax 03-3266-1123
e-mail　info@freepress.co.jp
http://www.freepress.co.jp
印刷所　モリモト印刷株式会社
販売所　株式会社 星雲社（共同出版社・流通責任出版社）

ISBN 978-4-434-26501-3 C0036